好きか、嫌いか、大好きか。で、どうする?

夏木マリ
Mari Natsuki

講談社

好きか、嫌いか、大好きか。で、どうする？

夏木マリ

はじめに

私がこれまで生きてきた、およそ57万時間の中で手にした宝物を3つ挙げるとしたら、

1．パートナー、ノヴさん
2．25年目に入った『印象派』
3．生涯を通して知り合えた友人たち

このようになるでしょうか。これらのほとんどは、人生後半に出会ったもの。だから何かを始めるのに、遅すぎることなんてないと思います。私がコンセプチュアルアートシアター『印象派』を始めたのは人生を折り返してからですし、ノヴさんと結婚したのは私が〝ロクマル〟になる1年前です。

人は、幸せになるために生きていると思う。そのために大切なのは、「自分を知る」ということ。自分を知らなければ、幸せにはなれない。それは長年、女性誌の連載を通して迷える女性たちのお悩みを聞きながら、自分自身も繰り返し思ったこと。

この本には、これまでの私の人生を投影し、それによってたどり着いた自分なりの人生を楽しむメソッドや、今、私自身が思うこと、そしてたくさんの悩める女性たちのお悩みと向き合ってきた姐さんなりのアドバイスが詰まっています。

願わくは、30代、40代を迎えた女性たちが新たな壁や悩みにぶち当たった時、それを乗り越え、自分らしく輝いて生きていくために、セルフヒーリング=自己解決できるための後押しになることを祈ります。

目次

はじめに　2

第1章　30代になったら、何かを捨てることも必要じゃない？　7
20代、やけくそだったトンネル時代／諦めるか、諦めないか、そのどちらか／崖から飛び降りるように舞台にのめりこんだ30代／私は仕事によって鍛えられてきた／今をめいっぱい生きる

・結婚に関するお悩み　21
・コラム①夏木マリの結婚論　40

第2章　自分の「長所・短所」より、「好き・嫌い」を知ったほうがいい　43
あれもこれもいっぺんには手に入らない／好きと嫌いの整理をすれば、おのずと自分が見えてくる／自分を知ることを知ってください／頑固は一番の、くせもの

・恋愛・夫婦生活に関するお悩み　53
・コラム②夏木マリの対人関係論　76

第3章　嫌いな自分との付き合い方　腹を、お決めなさい　79
コンプレックスのない人間なんて、いる？／劣等感をコントロールする／他人と比べたって仕方がない／気持ちと行動を一体に／自分を好きになるために、今までの人生を使ってきた

・性格・コンプレックスに関するお悩み　89

第４章　好き、を極める　自分が最大限に輝ける環境の作り方　107
本気なら、出会える／行動あるのみ／新しい出会い／「マリルージュ」の完成／人のために、そして自分のために

・仕事・人間関係に関するお悩み　127

・コラム③　夏木マリの仕事論　144

第５章　おそろいじゃない人生　147
発信する力／発展途上な今

あとがき　156

で、どうする？

第1章

30代になったら、何かを捨てることも必要じゃやない？

20代、やけくそだったトンネル時代

夏木マリという人《ひと》は、仕事によって鍛えられてきました。私は〝夏木マリ〟になる前、19歳の時に本名の中島淳子名義でレコードを2枚出しています。大人に言われるがままに頑張って、コケて、何だかなぁ……と思っていたら、1年後の夏に夏木マリとして再デビュー。そのせいもあって、最初から大人を信じていないというか、いわばやけくその20代でした。だから正直、20代にはあんまり良い思い出がない。ただただボーッと過ごしてしまった10年間。今ここに来て、その時のツケが回ってきたのではないかと、大きな反省をしているところ。

読者の中には、年を重ねていけば人生の選択肢は多くなると思っている方もいるかもしれません。もちろん、今の私の年齢になっても、新しいことを始めるのに遅すぎるということはないと思うけど、年を重ねたからこそ、選択肢はどんどん細くなっていく。だからこそ私は、お伝えしたい。

「30代、40代で本当に賢い選択をしないと、人生後半になって体力がなくなってきた時に、エラい思いをすることになる」と。

もっと早く気がつけばよかったと、今になってつくづく思います。そのくらい、私の20代は本当にもったいない10年間でした。「大人なんか信じるか」と不貞腐《ふてくさ》れ、何も考えずにやけくそでキャバレーを回っていた当時のことを、私は「トンネル時代」と呼んでいます。あんなに若くて元気で体力もあったのに、本当にもったいなかったと、反省ばかりです。

諦めるか、諦めないか、そのどちらか

「じゃあ、どうしてやめなかったんですか？」

インタビューなどでこの話をするといつも聞かれるのだけど、その理由は、今でもよくわからない。一つには私の性格があると思います。

人生ってイメージじゃない⁉　本当はジャニス・ジョプリンみたいに唄いたいのに、どうしてこんなちぐはぐな格好をしてキャバレーで唄ってるんだろう……。全然イメージと違うなと思いながらも、やけくそで続けていました。ここで思い切ってやめようという気概もない。だから安室奈美恵さんのような人が羨ましい。歌姫と呼ばれ、頂点を極め、やめる。アーティストであれば、あんな風にかっこよくあってみたいと思う。でも20代の私は、頂点を極めたわけでもなんでもないから、やめようにもやめられなかったのです。頂点を極められない辛さ、ね。それでダラダラと10年が経ってしまった。

自分なりに、どこかに手応えがあるんじゃないかと模索はしていたと思います。だけど感じなかった。なぜならばやけくそだったから。もっと本気でやっていれば、もしかしたら違っていたかもしれない。歌は好きだったの。だけどコンプレックスもあったから、自信を持って唄えなかった……。

「私の歌はこんなにいいのに、なぜ売れないの⁉」なんていう怒りもないし、「ごめんなさい、私、中途半端で……。でもなんかイメージと違うの」みたいなね。とにかく中途半端。本当にしょうもない20代だったと思う。ただ私の性格だと、諦めるか、諦めないかのどちらかしかない。そして今思えば、この20代では、諦めるということをしなかったのね。

そんな時、日劇ミュージックホールでの2ヵ月間の仕事が舞い込んできたのです。今はもうないけれど、日劇ミュージックホールというところは、有楽町の再開発に伴い今の有楽町マリオンの場所から東京宝塚劇場の上に移転してきたのね。そのこけら落とし公演をやるというので、お声がかかりました。私が「絹の靴下」という歌を唄っていたので、唄えて踊れる人というイメージがあったのでしょうね。やけくそで地方のキャバレーを回っているよりはずっといい、と思いました。何より、東京にいられる。私、東京が大好きですから。でも、ヌードのお姉さんたちと一緒の舞台に立つわけで、決断するには、少し勇気がいったかな。でも2ヵ月間、頑張ってやってみるかと、飛び込んでみました。

日劇ミュージックホールというのは、実はヌードの殿堂で、レビューで踊っているお姉さんたちというのは、主にトップレスの女性ダンサー。でもそのお姉さんたちが、ザ・プロ。みんな踊りが好きでたまらないというか、熱量が全然違うんです。私も歌は好きだったけど、こんなに頑張ってやったことがあったかしら、「好き」ってこんなにもエネルギーがあるものなのか、と圧倒されました。売れない歌手なのに「ヌードと一緒はちょっと……」なんて言っていた自分が恥ずかしくなって。遅まきながら、一体自分は何がしたいのだろうと自問自答したわね。自分もそれなりに振り付けのある歌を唄ってきたから、結構動けるほうだと思い込んでいたけれど、思い返せば、子供の頃は体育の授業をずっとズル休みしていたような女の子だったし、鈍くて、ダンスなんかできるわけがなかったのね。初めてお姉さんたちと踊ったとき、「右の足に赤いリボンつけるわよー!」って怒られたりして、とにかく必死。でも落ち込んでいる時間なんてない。やると決めたわけだし、初日はどんどん迫ってくる。とにかくやらなきゃいけない。そこで、急にやる気スイッチが入って、やっと本気になりだしました。

崖から飛び降りるように舞台にのめりこんだ30代

当時の私は知る由《よし》もなかったのだけど、日劇ミュージックホールは、とてもインテリジェンスのある方がたくさん観に来ていて、お客さまがすごく良かった。のちに、映画『鬼龍院花子の生涯』で声をかけてくださった五社英雄監督も、その観客の一人だったし、演出家の里吉しげみさんもホールの常連だった。そして、里吉さんに誘われるままに30代で舞台と出会いました。生まれて初めて舞台に立ってセリフを言ったのは、里吉さんが主催する「劇団未来劇場」の舞台。そこで、徹底的にしごかれたの。そしてその時に初めて、やりがいみたいなものを感じるようになりました。初めて仕事で褒められるという経験をするわけです。それは、デビュー曲の「絹の靴下」の時の経験とは違って、自分の身体と時間を使ったことに対して褒めてもらえたから、そこには確かな手応えのようなものがあり、舞台空間って好きだな、という発見がありました。

私って天邪鬼《あまのじゃく》なので、周りに反対される方を好んで選択するような傾向があって、自分の五感に響けば、「大変だからやめたら」と、周囲の人間に言われるほど、面白そう！　と構わず飛び込んでしまうタイプでね、それは今も変わらないけれど……。たとえるなら、崖から飛び降りた30代。ずいぶん飛び降りました。

私は仕事によって鍛えられてきた

私がラッキーだったのは、演劇の世界に触れた順番がとても良かったということ。今思い返すと、非常に幸せな10年だったと思う。巡り合わせというか、出会いによって導かれた10年でした。まずは小さな劇団から始まり、新劇もやり、歌舞伎では三代目・市川猿之助さんの演出も受け、外連味《けれんみ》も教わり、井上ひさしさん、蜷川幸雄さん、鈴木忠志さんという世界的な演出家とも出会い、海外の演出家とも仕事ができた。流れが非常に良かったのね。友人の中には、商業演劇を最初にやったけど、楽しさもやりがいもなくてやめてしまい、映像に流れたという人もいっぱいいます。だけど私は、逆に鍛えに鍛えられた。現場現場で全く違うことを求められたけど、全身で精いっぱい応えました。

あの頃は、年に4本くらい舞台をやっていたのだけれど、私は不器用で基礎もなかったから、その時々のカンパニーに入る前にボイストレーニングやダンスレッスンに行って自主的に予習をしていく。そこまでしてやっと、なんとかみんなについていけるぐらいの技量しかなかったから、とにかく必死。そんな風に舞台という時間を乗り越えていたら、あっという間に10年間が過ぎてしまっていました。友達は呆れて電話をしてこなくなり、個人的な外出もしなかったし、世の中がどう動いているかもわからなくなって、いわゆる〝演劇バカ〟みたいな有様だったけど、自分投資の時間は楽しかった。お金も諦めたし、友人と過ごす時間も諦めた。いや、諦めたというよりは、とにかくやることが次から次にあったから、時間があっという間に過ぎてしまって、演劇のことしか考えていない、そんな30代でした。

私にとっての20代から30代というのは、本当にジェットコースターのような時代。「こうしたい」という、何か特別な人生プランを持って歩んでいたわけではないけれど、思い返すと、20代、30代、40代と、私の人生は、10年単位でターニングポイントが巡って来ているような気がします。

30代に入ったとたんに急にやる気スイッチが入ったのだけど、それは、演劇との出会いがそうさせてくれた。20代は、トンネルの時代をやけくそながらも諦めないでウロウロしていたと思えば、次の10年は自分からどんどん新しい世界に飛び込んでいった時代。チャンスを摑んだ！　という感触があったというより、一つ一つの舞台が終わったときに、ちょっと褒められたりすると、その気になって……と、そんな感じでした。それに当時の演劇界としては、私のような存在が珍しかったのだと思います。今でこそ、みなさん歌もお芝居もやって、表現の場を行ったり来たりしているけれど、当時は歌手は歌手、俳優は俳優という時代でした。歌から演劇までを演《や》る人って少なかったのね。私が最初くらいかもしれない。

まあ、やけくそといえばまだやけくそ感はあり……。だって、演劇は生理的に受けつけないと思っていたくらいでしたから。でも、誘われるままにいろんなことを演《や》りました。シェイクスピアも、ギリシャ劇もチェーホフも体感した。そうして、一つ一つ勉強していきました。人間って、人生って、本当にわからないなぁと思ったのが、この時期でしたね。好き！　という気持ちまでにはまだ至っていなかったかもしれないけれど、体を動かすことはすごく気持ちがよかった。あんなに一生懸命なにかに取り組んだことがなかったし、ちょっとアスリート感覚だったりして。だって、悶々《もんもん》としながら歌をやっていた時期に比べたら、もう、なんて清々しいの！　と。体を動かして、1ヵ月みっちり稽古をして、1ヵ月間の舞台本番を演じきり、精も魂も尽き果てて、疲れたぁと思っていたら、ちょっと褒められたりして。そしたらまた、次の舞台に取り組んで、みたいなね。そんな感じで、面白かったなぁ、あの10年。

今をめいっぱい生きる

そんな中、私は単身ニューヨーク行きを決意しました。その理由は、仕事をする上で英語が必要と感じたから。演劇を始めてからの30代後半は、海外の演出家との仕事も増えて日常会話を英語で喋らなければならないという必然性が生じていました。演劇用語を使えば、英語が喋れなくても何か伝わったりするのだけど、通訳の人を介した会話って、当時は何か違っていました。これからはちゃんと喋れなきゃいけないと感じたんです。当時の事務所に3年計画で申請をして、3年後に半年だけ時間をもらってニューヨークに行けることになりました。今思えば、留学というより、遊学ね。

滞在中は、朝食からランチ、お茶、ディナーまで、とにかく日本人と会わないようにして英語にどっぷり浸かりました。ボイストレーニングに通ったり、ブロードウェイのプロデューサーをはじめたくさんの人に会ったり、とにかくなんでも自分でやることを覚えた。毎日が面白くて、とても良い経験になりました。

ニューヨークに行こうと思った時、年齢のことは全く考えなかった。面白くなってきた演劇の仕事を一時的でもストップするのは、すごく大きな決断だったし、半年休業するということは、いなくなるのも同然の覚悟が必要でした。でも、人生の岐路に立った時、私は実になる方を選択したの。その時の自分の状況を考えた時、英語という足りないものがあったから。そこをちゃんと解決したかったのだと思います。そして、自分がやりたいと思うことをやってみよう、と。

人って、明日どうしよう、とか、1週間後、1年後どうしようとかと、考える人は多いと思うの。お悩み相談を寄せる人たちの多くもそうよね。どうなるかわからない将来への不安や焦り。でも、「今日どうしよう」って思う人ってあんまりいないのよね。だけど、私はいつだって〝今〟が大切。大事なのは、今日をどうするかということで、先のことはケセラセラ。特に今の世の中はどう?　不安だらけで、先のことなんて本当にどうなるかわからない。だからこそ、ますます今という時間とちゃんと付き合いたいと思います。

そして、やりたいことに出会ったら、崖から飛び降りるくらいの気概で、行動を起こす。それは、ボーッと過ごしてしまった20代を経験しているからこそ、より強く思うのかもしれない。遅まきながら、30代半ばでやっと少し自分なりに手応えを感じられて、喜びの振り幅が大きくなったこともあるかもしれない。あの20代は、できれば消えていただきたいと思うほどだけど、たまたまそんな時間が私の人生にあったおかげで、今の私は、前に進めるのかもしれない。

過去にやってきちゃったことをくよくよ悩んでも仕方ないし、未来は結局、今の積み重ねでしかない。今をちゃんと生きないで、未来はないと思いますから。

Q.

夏木マリに相談！

結婚に関するお悩み

A.

Q.

孤独死が怖い。

ひとりでいる方がラクだし、子供も欲しくないので結婚する必要が感じられず、30過ぎだけどフラフラしています。だけど、孤独死が怖いので結婚しておいた方がいいのか悩んでいます。(32歳・未婚・会社員)

A.

あのね、人生、両方は選べないの。だから子供が欲しくないんだったら結婚しないという選択も充分あり。だったら30過ぎてフラフラしているとか、引け目を感じなくていいんですよ。自信を持っていい!

だけど「孤独死は怖い」と。そんな先のことわかんないって！　明日死ぬかもしれないんだし、私だって他人とは暮らせないと思っていたけど、59で結婚したんだから。人それぞれよと思って腹を括《くく》らないと、いつまでも気持ちが行ったり来たりしちゃうわよ。

POINT

老後に死ぬとは限らない!?
今を大切に生きなさい。

Q. 事実婚ってアリ?

パートナーとの付き合いが長く夫婦同然の関係がずっと続いているんですが、お互いなんとなく結婚する気もなく、ずるずる過ごしています。このままでいいのでしょうか?(36歳・未婚・美容関係)

A. 私は最初、自分たちが良ければ紙は必要ないと思っていたの。でも時間が経つと、義理の母に対しても家族としての意識が出てきて、ちゃんと付き合うには嫁ということになったほうがいいのかな、と思ったわけ。

どうするかはその人の選択だから分からないけれど、要は彼のバックグラウンドも含めて愛せるかってことよね。愛せなかったらやめた方がいいです、いくら長い付き合いでも。家族を引っくるめての景色を、一度じっくり考えてみたら？

POINT

私は、〝家族の景色〟が見えたときに結婚したの。

Q.

〝婚活疲れ〟しています。

母親からの結婚のプレッシャーがすごい。とりあえず婚活サイトなどに登録してみても、まったくピンとくる人がいなかったり、申し込みしても断られたり……。これだけの労力とお金をかけてまで結婚しなければいけないものなのでしょうか。(26歳・未婚・派遣社員)

A.

私、婚活には反対なの。自然派よ。そもそも結婚って人ありきだからね。その人に出会っちゃったから結婚するんでしょ。その流れでどうかひとつお願いしますね。それに、別に婚活パーティーに行かなくても、一歩家から出たら婚活なのよ。電車で足を踏まれたのがきっかけで出会ったとか、そうやって目を皿のようにして見てごらん。そんなにお金と労力をかけなくても、自分で「24時間婚活中だ」と腹を括《くく》っていればいいわけ。

そして親ともしっかり話すこと。「私はこういう生き方をしている。お父さんお母さんには感謝しているけど、今は結婚したいと思えない」と伝えて、理解してもらう。私も30代、演劇に出会った頃に親と話したことがあります。娘がそこまで真剣に考えているんだったら、親は「それでも……」とは言わない。行動することと話すこと、それはすごく悩みの解決になりますよ。

POINT

どうかひとつ、結婚ありきではなく、人ありきでお願いします。

Q.

今の彼でいいの？

昔フった元カレがずっと待ってくれていると知って、私が追いかけてばかりの今の彼とこのまま進むべきか悩んでいます。好きな人と結婚するのが幸せか、好きになってくれた人と結婚するのが幸せか……。（28歳・未婚・公務員）

A.

結婚体質でなかった私が言うのもなんですが……、結婚は愛されてした方がいいと思います。こっちがドキドキして気を遣うのとか、疲れるでしょ。

ちなみに私は、いつも自分から気持ちを伝える派。でも「NO」と言われたら、

「次！」とすぐに切り替える。だって、NOという人をあーだこーだしていたって、相手はそっぽ向いてるままじゃない。結婚したら死ぬまで一緒にいるわけだから、愛された方が幸せよね。向こうが愛してくれたら、こっちも人間だから優しくなれる。それが日常になっていく感じが、いいんじゃないかなぁと思うのです。

POINT

愛されてる方が幸せだから。

Q.

結婚してくれない彼。

彼氏と同棲をはじめて2年経ち、結婚の話も出ていますが両家の顔合わせや入籍の日取りなど、具体的な話が出ると急に逃げ腰になる。早く結婚してほしい！　男性を結婚する気にさせるにはどうしたらいいのか教えて下さい。（31歳・未婚・アパレル関係）

A.

「具体的な話になると逃げる」って嫌じゃない!?　〝親しき仲にも礼儀あり〟よ。私の性格だったら別れる。長いこと付き合っていたら別れにくいと思うけど、人生って時には崖から飛び降りるような思いをしないと、本物の感動は待ってないと思うの。結婚は、自分が輝くためにするのだから。そんな関係だったら、思い切って別れた方がいいと思う。

それでもあなたが、今の彼との結婚を望むなら、「結婚する気にさせる」ではなくて、向こうから「結婚してください」と言わせる女にならなきゃダメよ！　この際、「結婚してくれないんだったら別れる。2年間ありがとう。楽しかったわ」くらいのことを切り出して、彼にあなたの本気を気づかせてみたら？　そのくらい、今の二人は仕切り直しの大事な岐路にいると思う。そして忘れないで。結婚は、ゴールじゃないんだからね！

POINT

長く一緒にいることが縁じゃない。人生、崖から飛び降りなさい！

Q.

結婚しなきゃ半人前？

行きたい道を夢中で歩き続け、気づいたら人と違う人生になっていました。家庭的なタイプではないせいか、長く付き合った彼から結婚はないと言われたこともあります。私は他人と生きていくだけの器がなく、人として未熟なのかな、とも思います。何とかなるさ、と楽観視しようとしている自分もいますが、後悔しないためには今のうちに子供をもてない覚悟をするべきでしょうか？　一人で何かに打ち込んでばかりだと、ダメな人間になってしまうのでしょうか？（36歳・未婚・アルバイト／劇団員）

A.

人と違う人生、いいじゃない！　〝何かに打ち込んでばかり〟でこれまでやってきた姐さんも、大いにダメな人間ってことになるの？　でもね、私も家庭的じゃないと思っていたけど、結婚したら楽しく料理をしている自分がいたり。〝他人と生きる器〟がないとも思っていたけど、今、充実した二人暮らしができている。「こんな私もいるんだ」って発見があったの。要は、自分で自分のことを決めつけなさんなってことね。結婚はもちろん成長させてくれます。が、結婚だけが人を成熟させるものでもないと思う。あなたは今、いろいろな人との交流や、たくさんの経験で自分を豊かにする時期かもね。何も行動しないで、グチグチ悩んでいるうちは半人前。だから頭で考えすぎないで、とにかく行動！　自分の人生なんだから、夢に向かって、何か一つ確実に成し遂げること。そのためには孤独を極めることも必要よ。一生懸命がんばって、自分を輝かせることができた時、新しい出会いもきっとあるはず。何が起こるかわからないんだから、結婚も子供も流れにまかせるべき！

POINT

時には孤独を極めることも必要。諦めるな。

Q.

幸せすぎて怖い。

夫のことが好きすぎて、もし夫に何かあったらどうしようと考えてしまうんです。朝見送る時は〝もし今日事故にあってこのまま会えなくなってしまったらどうしよう〟と思ったり、ふと〝不治の病にかかって私ひとり残されたらどうしよう〟と思ったりして、感情的な日だとめそめそ泣いてしまいます。幸せすぎて不安なのです。今が幸せだといつか不幸が起こるのではないかと思ってしまいます。真面目に生きていれば、不幸は起きないと思いますか？（30歳・既婚・会社員）

A.

「幸せすぎて不安」という、その気持ちをきちんと受け止めることで、今そこにある日常を大切にすることができるんじゃないかしら。失って初めて気付く日常の幸福感とか、普通が一番ありがたい、って使い古された言葉だけど、本当にその通りだと思うんだな。幸福と不幸って、いつだって隣り合わせ。だからこそ、今感じている幸せを、思う存分かみしめてほしいの。どうか、幸せ恐怖症にならないで。

私はね、安定とは程遠いクリエイティブな日々がすごく好き。不安定だからこそ現状に満足することなく、前に進める。そこが醍醐味って思ってるの。人間って、いつだって不安を抱えているもの。だからこそ、例えば仕事の後の1杯のビールが、あぁ幸せ！　って思える。どんなに真面目に生きていたって、災いは降りかかるかもしれないし、不幸なことが起こらない保証なんて、どこにもない。だからこそ、今の幸せを大切にする。そして、その幸せがあれば、きっとどんな不幸も乗り越えていける。そういうことよ。

POINT

今そこにある幸せを楽しんで。

Q. 普通の男性じゃ物足りない！

30歳過ぎて彼氏もいないことに焦り、同じような境遇の女子たちと合コン活動を開始。相手は派手めの人が多くて、某音楽会社の社長やＦ１レーサー、俳優等々。その場はすごく楽しいんだけど、本気の恋愛には発展せず……。でもそういう癖アリの人を見すぎたせいか、普通のサラリーマンじゃ物足りなく感じてしまいます。結婚もしたいし子供も欲しいけど、どうやったら結婚相手が見つかるのか分からない！（34歳・独身・美容関係）

A.

飽きるほど今の生活を続けたらいいんじゃない？　そもそも、合コンと結婚とを一緒に考えているのがメチャクチャだと思いますよ。嫁を見つけるために合コンにくる男ってどのくらいいるのかしら？　でもそういう派手な場がお好きなのであれば、「徹底的に楽しむ!」と割り切り、「結婚相手にはいつか巡り合えればいいや」と目標設定を変えることですよ。

「いや、今結婚したいんだ」というのならお伝えしておきますけど、結婚は普通の男がいいです。派手な人と時間を共有しているから分からなくなっているのかもしれないけれど「普通の男じゃ物足りなく感じる」って、あなたは誰? 普通じゃ物足りないっていうことは、自分も普通じゃない状態って話。それなら、結婚は難しいですね。

あと、結婚て職業じゃないでしょ? 人です。飽きるほどあなたが遊んだら、男を見る目が養えるのかな? ま、今は思い切り遊んだら?

POINT

今は思い切り遊んだら?

Q.

上司のためにうどんを打ちたい夫

先日、夫が飲み会の席で「定年退職したら一緒にうどんでも打って店を出すか」と仲の良い上司に言われたらしく、今からうどんを打つ練習をすると言い出しました。どう考えてもお酒の席での冗談だと思いましたが、天然の気がある夫はその言葉を本気で受け取ってしまったようです。打ったうどんをその上司に食べてもらう、と言っており、会社に持って行ってしまったら、冗談を本気にしてしまった夫が笑いものにならないかと心配です。夫がうどんを打つのをとめたほうがよいのでしょうか？（36歳・既婚・専業主婦）

A.

大いに打たせてあげて（笑）！　まっすぐで、一生懸命で、素晴らしいご主人ですね。夫婦で仲良くご主人が打ったうどんを食べている画を想像すると、素敵だなと思う……。

打ったうどんを会社に持って行ったって全然いいじゃない？　笑いものになんてならない。上司にそんなふうに言ってもらえるのは、職場ですごく可愛がられているってこと。それならば、妻としては応援してあげたほうがいいじゃない。ご主人にとってやりたいことであれば、頑張ってもらいましょうよ。私も、いつかそのうどんを食べてみたいわ。

POINT

どうぞ、打たせてあげなさい。

コラム①

結婚論（夏木マリの）

結婚願望というものがまったくなかった私が〝結婚論〟を語るなんて、本当におこがましいと思うのだけれど、当然、「結婚は人ありき」ということ。これはお悩み相談でも話したことだし、ひいては結婚に限ったことでもない。「結婚ありきじゃなくて人ありき」「人生人ありき」ということ。

結婚するまでの私の人生、誰かと暮らすなんていう考えは、隅に追いやっていた。いや、捨てた。選択肢としてなかった。一生一人で生きていくと、一度は腹を括《くく》ってた。だけど、一緒にいたいと思える人が目の前に現れた。別に「結婚」が現れたわけじゃないのよ。それで、しばらく一緒に住んで、互いに家族もいることだし、じゃあ結婚しようかということになった。何度も言うようだけど、結婚したくてしたわけではなく、結果、結婚という形になったんです。

人生は本当に、いつ何が起こるかわからない。「ソウルメイト」っていうのかな、そういう人って、本当に出てくるものなのね。「あたしたち、前世で双子だったの？」と思うくらい、本当に考えていることが一緒とか。こういうのがきっと、夫婦になる人なのかなぁと思ったわ。まぁ、そんなこと言っていても、明日離婚するかもわからないけど。

そう、結婚ってね、インプラントと一緒なの。始めた瞬間からが勝負だからね。「その時からがスタートですよ。ここから毎日のお手入れによって、もう一度大手術をする羽目になるか、一生付き合える歯になるか」って。

まったく、結婚と一緒だって思った。インプラントをした日から、毎日の歯磨きを怠ってしまうと、歯は大惨事になってしまう。毎日小まめにケアして、一生付き合っていけるかどうか。って、結婚と一緒でしょ。

で、どうする？

第2章

自分の「長所・短所」より、「好き・嫌い」を知ったほうがいい

あれもこれもいっぺんには手に入らない

私はこれまで、いろいろなことを諦めてきました。友人だったり、お金儲けだったり、子供を産むことだったり……。「諦める」という言葉を使うと、少し誤解されるかもしれないけれど、「整理する」と思ったらどうでしょう。

女って、あれもこれも、なんでも欲しがる生き物。だけどどんなに欲張ったって、全部いっぺんには手に入らないでしょう? だから整理するの。必要だと思ったことはキープして、これはいらないと思ったらきっぱり捨てていく。物欲も、仕事も、人間関係だってすべて整理できる。

今の私が、こういう風にきっぱりと言えるのは、『印象派』によって鍛えられた部分がとても大きいです。この後も折に触れて書かせてもらおうと思うけど、私の人生でとても大きな存在。

'93年にひとり舞台としてスタートした『印象派』は、私のアートワーク。例えば、「どうしてもこのセットで舞台がやりたい！」と思ったとする。でも、「それは予算がないからできません」と言われてしまったら、仕方がないけどきっぱり諦めるしかないわね。そうすると「じゃあ、この身体ひとつでどうやって観客と感動を共有できるか」という考えになるわけです。本来なら、なるべくセットも使わずに身体表現ひとつで感動してもらえることができたらそれが一番。むしろそれは、私が追求したい表現そのもの。でも、ついああだこうだと色々手を出してみたくなる。でもある時、それって、人生と同じだな、と気づきました。欲しいと思えば色々欲しいし、今贅沢だと思えば捨てられるものはいっぱいある。それは自分でゼロから作品を創っていく作業の中でたどり着けた考え方だったかもしれないし、『印象派』を始めたことで、物事の考え方がすごくシンプルになった。物事は、考え方ひとつなのよね。

何にプライオリティを置かなければいけないか、何が大切か。その考え方が、自分の人生にもそのまま置き換わると思ったの。だって、人生って自分でクリエイションしていくものだから。

好き嫌いの整理をすれば、おのずと自分が見えてくる

30代の頃は、友人と会うのを諦めたと書いたけれど、諦めたというよりは、物理的に時間がなかったという方が正しいのかもしれない。友人と会う時間を作るために、稽古の時間を減らすという選択肢は私の中になかったし、仕事優先ということではなく、舞台は仕事という枠を超えた、訓練のような感覚でした。結婚を諦めたのもこの時期。私はもともと結婚にあまり興味がない人間だったのでそれでよかったけれど、自分のことでいっぱいいっぱいだったから、人と暮らしたいなんていう思いは正直、微塵もなかったのです。

そんな私も悩んだことがあって、それは子供のこと。そろそろ子供を産めるのは年齢的に最後かなという頃に、ちょうど『印象派』を始めたの。その時、私は『印象派』を自分の子供だと思って、作品を次々に産んでいこうと決めました。まぁ、あの頃は相手がいなければ子供は産めなかったし、医学的な解決方法もあまり進歩していない時

代だったから。誤解を恐れずに言えば、そのくらい、『印象派』にかけてみようと思えた。それを決断するまでの葛藤はもちろんありました。でもそのとき考えたのは、「自分にとっての幸せ」は何か、ということ。

当時没頭していた演劇はすごく楽しいし、そこからシフトチェンジして『印象派』というものを創っていくことに夢があったの。だから、今の楽しさ、目の前にある「好き」を選びました。見えない結婚像を追うよりも、ね。私は好きなものが目の前にあれば、最後までとっておかずに先に食べるタイプです。だってその食事をしている最中にも、何が起こるかわからないでしょ。

私の場合、判断基準はすごく明快。要は、好きか、嫌いか。

人は、幸せになるために生きていると思います。そのために大切なのは、「自分を知る」ということ。自分を知らないことには、幸せにはなれない。それは長年、女性誌での連載を通して迷える女性たちのお悩みを聞きながら、自分自身にも繰り返して思ったことです。

自分を知ることを知ってください

「自分を知ることを、知る」。それは、自分のことばかり「考える」こととは、ちょっと違うの。理屈でああだこうだと考えるのではなくて、自分は何が好き？　何が嫌い？　何が大好きなの？　そうやって自分自身を掘って、掘って、掘り下げる。自分がどういう生き物なのか、自分の本能を知ることを知りなさい、ということです。「自分を知る」と、生きることがすごく楽しくなると思う。生きることが楽しくなるということは、幸せになることでもあると思うから。

突然だけど、私も含めて昭和の芸能人って、センスがよくないのね。私自身、自分はセンスが悪いと思っている。だけど、オシャレは大好き！　だから若い頃から山のように洋服を買って、時間もお金も費やして、たくさん失敗もして、センスというか、自分の好きなもの、嫌いなものは勉強してきたつもり。いや、させられた。「自分を知る」ために。

とにかく〝行動あるのみ！〟なのだと思います。行動を積み重ねていくことで、自分らしさがわかってくる。時間をかけて、好きなものと嫌いなものを知るのは大変な作業だけど、自分を知る上でとても大切なことだと思います。

例えば食べ物でもいい。映画でも音楽でも、なんだっていいの。自分が今まで食べてきたものの中で、好きなものはなあに？　何が嫌いで食べてこなかった？　思い返せばわかるでしょ？　会社に行く通勤路。いくつかルートがある中で、なぜこの電車に乗っているのだろう？　乗り換えが楽だから？　少し遠回りだけど混まないから？　車窓から見える風景が好き？　それがわかれば、「ああ、私はこういう景色が好きなんだなぁ」って気づける。ほら、楽しいでしょ。どんなに小さなことでもいい。とにかく細かいことから積み重ねるしかないのよね。要は考え方次第なの。テーマは何でも、「好き・嫌い」を考えてみる。自分を知るためには、常にそういう思考を持っておくということ。その思考が身についていれば、何かもっと本質的な問題にぶち当たった時に、すごくシンプルに、自分らしい選択が自ずとできるようになるはずだから。

頑固は一番の、くせもの

自分を知る上では、時には周りの人の意見に耳を傾けることも大切だと思います。だって、人は素直じゃないと大成できないのです。一番の敵は、頑固。しかも、人は年をとればとるほど頑固になってくるから、そこは気をつけなければいけないと、私自身このごろ感じます。周りの意見に従うかどうかは別としても、私はとにかく一度耳を傾けることは心がけています。スポンジみたいな柔軟性がいい。私はいつだって、何色にでも変わりたいとも思っている。

例えばヘアメイクの話。キャリアが長くなってくると、ヘアメイクさんも、リスペクトを含め「その人らしさ」に寄せてくる。新しさをギフトしてくれることってあまりないのね。でも私、逆を行きます。私の顔をキャンバスにして、新鮮なクリエイションをして欲しいとリクエストするの。そのほうが楽しいでしょ。初めてお会いするヘアメイクさんは、とてもびっくりするわね。「え、やっちゃっていいんですか⁉」なんて。いいんです、いいんです。そうでないと、あなたに頼んだ意味がない。だって普通にメイクをするなら、何十年もこの顔と付き合っている自分の方がいいかもしれない。でも、クリエイションって、そういうことでしょ？

矛盾することを言うようだけど、年齢を重ねると、どうしても自分のスタイルにこだわりがちになってしまう。好き嫌いはわかっているし、自分のスタイルも、自分らしさもわかってきている。だけど、いつも決まったもの、みたいな安定コースは面白くないのね。だから、例えばアイラインひとつにしても、初めてのヘアメイクさんが今までにないようなラインを提案してくれたら、「似合わないかな」とちょっと心の中で思っても、とりあえずトライするわけ。その日はそれでＯＫ。新鮮な気分になりますし、似合ってなかったとしても別に死ぬわけでもない。それに、もしその時にピンとこなくても、いつか別のタイミングで、あ、あの時のメイクが使えるかも！　と思い出すかもしれないから。そうやって、引き出しが広がることってあるものだから。

数十年前のこと。あるヘアメイクさんに、アイメイクにはまったくポイントを置かずに、真っ赤なルージュだけ、という初めてのメイクをしてもらったことがありました。すごく新鮮だったけど、その時は、正直似合っているかどうかわからなかった。でも時が経った今、あの時のメイクがすごくいいなぁと思えるの。当時はきっと、目に自信がなかったからピンとこなかったと思うのだけど、今の髪型とか、時を重ねて自分の顔も経年変化を遂げ、今ならあのメイクがしっくりくる。結構イケてるかも、と最近のお気に入りだったりするのです。

Q.

夏木マリに相談!

恋愛・夫婦生活に関するお悩み

A.

Q.

男として見ることができない夫とこのまま結婚生活を続けていくべきか。

学生時代から付き合ってきた彼と30歳で結婚。夫は大手広告代理店勤務でイケメン。優しいし、とても気は合う。でも、もはや男と女の営みは一切ナシ。最近、夫とは対照的な男気あふれる職場の同僚に心惹かれるように。自分を全て受け入れてくれる気心知れた夫を失うのは怖い。でも、結婚相手とはずっと男と女でいたい……なんて夢見がちすぎる?? 夫と離婚して新しい彼と次のステップに行くべきか、現状を維持するべきか、迷っています。(34歳・既婚・広告関係)

A.

優しいんでしょ? イケメンなんでしょ? 気も合うんでしょ? じゃ今の生活を幸せだと思って感謝しなさい。全てを捨てて新たな彼と次のステップに行かないほうがいいってこの私でさえ思うわよ。だいたい、全てを受け入れてくれる人と結婚できたなんて奇跡です。愛されていると感じるのなら、離婚はしてはいけません。まぁ、男気あふれる男に惹かれるのもわかる。もしかして抱かれたいと思うのかもしれないけど、その人も一緒に生活したらご主人と同じか、ご主人以下かもしれないわよ。私はね、いつまでも男と女でいられるような結婚なんてないと思う。男と女は同志になっていくのです。結婚生活は日常であり、共に生活していく二人になるのが自然。だからあなたたちは、むしろすごく上手くいっている夫婦だと思う。それに、男として見ることができないなんて決めつけちゃダメよ。この先、また男を感じることになるかもしれないでしょ。

POINT

同志になっていくのです。その幸せに感謝なさい。

Q.

ハイスペック夫の浮気問題。

夫はいわゆる3高で、学歴よし仕事よし金ありの高スペック男子。「結婚は物件選びと一緒よ～」とか言いながら、最終的にはそのスペックによって結婚を決めた私。大きな問題なく結婚生活を送っていたけど、妊娠し幸せの絶頂というタイミングでまさかの夫の浮気発覚！　子供のこともあるのでとりあえず離婚はしなかったものの、今も不信感は拭えません……。高スペック男子を選んだ以上は、ある程度の浮気は許容すべきなのでしょうか？（35歳・既婚・医療関係）

A.

ご主人が高スペック男子な上、あなたの考え方なら、入り口でリスクマネジメントしておくべきでしたね。だってこんなに揃っている人、絶対にモテるでしょ！　浮気する確率は高いわね。そういう人を選んだ以上、「浮気だったら黙認する」と決めておくのがリスクマネジメント。ただ救いは、あなたが妊娠しているときの浮気だったこと。単にセックスしたかっただけかもしれない。でもね、また絶対あると覚悟をお決めなさい。「その時はどうする？」って自問自答してみないと。それでもスペックが魅力で一緒にいたいと思うなら、腹を括《くく》る！「ある程度の浮気は許容すべきか？」じゃなくて、「容認する」とハッキリ決めること。

「大好きで結婚した」というなら、話は別。だけどアナタは「物件」と言えるくらいドライな考え方で結婚したのだから、浮気もドライに割り切らないと。私はこれまで浮気は絶対許さない派だったのだけど、アナタの場合、あえてこういう答えになるわね。

POINT

ハイスペックを選んだのだから、腹を括《くく》りなさい！

Q.

浮気をしてしまいました。

夫以外の人と関係を持ってしまいました。しかも一回ではなく、半年間くらい定期的に会っていました。夫のことは好きで、自分から結婚してほしいと言って結婚したくらいです。でも、ありがちですがセックスレスになってしまい……。私はやっぱり欲求が止められず、体だけの関係を持ってしまったのです。もうやめようと決意してその彼とは会っていないのですが、また同じことをしてしまいそうでどうしたらいいかわかりません。

（30歳・既婚・広告関係）

A.

そうか、他の人としてしまったか……。つまるところ今、夫婦のテンポがずれてしまっているというか、お互い居心地がよくないんじゃない？　セックス云々の前に、二人のコミュニケーションが不足している気がするわね。ご主人の顔を、ちゃんと見て話している？　スキンシップは取っている？　「セックスをどうするか」じゃなくて、もう一度原点に戻っていただいて、コミュニケーションからやり直しね。なんか、目をつぶってセックスしている感じがするのよねぇ。ご主人の顔をもう一度ちゃんと見てごらんなさい。彼の目を見たら、罪の意識が生まれるはず。そうしたら、「また同じこと」なんて、できなくなるでしょ。夫婦関係が大切なら、今度はバレたら離婚と思って、気持ちにもう一度けじめをつけなきゃ。

POINT

セックス云々の前に、コミュニケーションからやり直し。

Q.

不毛な恋にしか夢中になれない。

10代の頃から、ちゃんとした彼女にしてくれない男性とばかり関係を持ってしまい、常にセカンド状態です。でも、そんな暴君的な彼がたまに優しくしてくれると嬉しくて、可愛いなと思ってしまいやめられません。相手が変わっても同じような恋愛を繰り返してしまい、今は不倫です。周りの女友達は「それじゃ幸せになれない」といつも言ってくれるし、頭ではわかっていてもどうしようもないのです。このままでは友達にも愛想を尽かされてしまいそうで心配です。(37歳・未婚・会社員)

A.

何言ってんだか……。鏡を見て。今のあなた、自分の顔を美しいと思える？　不幸顔になってるんじゃない？　自分自身に改めて問いかけてみて、「幸せになりたい？」って。みんな幸せになるために生まれてきたのよ。幸せになる権利がある。

それに逆行するような選択はしないこと。そう考えたら、自分がどうすべきか、答えは出るはずです。そして、「不毛な恋しかできない」自分に酔ってるんじゃない？こういう発言っていけませんね。「常にセカンド状態」なんて、もうちょっとプライドを持ったら？　だいたい不倫するような男は、ろくな男じゃない！　不倫は絶対に不幸です。人のものに手を出したら、必ずしっぺ返しがあるもの。

もう37歳でしょ。10代から散々やってきたのだから、もう終わりにしなさい。そしてしばらく男がいない状態を作ること。独りの時間を過ごすことも覚えて、自分を見つめ直すことね。女は愛されたほうが幸せよ。

POINT

酔いから、覚めて。

Q.

子供を作るタイミングがつかめない。

結婚5年になる夫とは、ほぼセックスレス。子供も欲しいのですが、積極的に作ろうという気持ちにまではなれません。仕事が楽しくて、子育てで仕事に専念できなくなるのも不安です。ですが友人に子供ができたと聞くとザワついてしまいます。家族に「子供はまだか」と言われるのも死ぬほど苦痛です。だったら子供を作ればいいのでは、と思われそうですが、夫と話し合いをするほど自分の気持ちも固まっておらず……。こんな曖昧な自分に困っています。（36歳・既婚・IT関係）

A.

自分に正直に生きたほうがいいと思います。きっと今は、子供はいらないと思っているのよ。まわりに子供ができたり、親に言われるから辛いってだけで。本当に欲しいと思っているなら、何が何でも妊活しているんじゃないかしら!?

今、本気で、選択を。「仕事に生きる」って決断をするなら、まずご主人とよく話すこと。そして、ご両親には「今は自分たちらしく生きたいので子供は作らないつもり」って伝えなくてはいけないわね。すごく勇気のいる決断なので、慎重にしなきゃいけないけれど。逆に、もしご主人が子供を欲しいと言ったなら、考えを改めなきゃいけない。話し合うほど自分の気持ちも固まっておらず……って、だから相談するんじゃない!? 固めたものは相談とは言いませんよ。セックスレスだから相談しにくいの? そんな気を遣う必要ないですよ、旦那なんだから。いずれにせよ、今が本当に人生のタイミング。タイミングは逃しちゃダメよ、ますます悩みが増えますから。

POINT

一人で悩まないこと。

Q.

妊活が辛くて、正直もうやめたいです……。

結婚5年目です。旦那も私も子供が欲しくて、2年間くらい妊活をしていますが、できないんです。毎月排卵日をチェックする検査をして、病院にも通い、タイミングをとったり人工授精をしたりしています。どちらにも不妊の大きな原因はなく、旦那も協力的で生理がきて落ち込む私を根気よく慰めてくれています。でもできないんです。もう疲れました。でも前向きな旦那には言えません。言ったところで、妊活を休んだ途端子供ができた、みたいなことを期待されそうで……もう辛いです。(35歳・既婚・会社員)

A.

妊活、大変な問題ね。今のあなたは、きっとすごくストレスが溜まっているわね。でも、これは夫婦二人の大切な問題だから、今の率直な気持ちを、まずはご主人に正直に話してごらんなさい。ご主人のことを気遣う気持ちもわかるけれど、お悩み解決の第一歩は、とにかく本音で話し合うことよ。だって、「もう辛いです」なんて、あなた自身がかわいそう……。確かに、「妊活を休んだ途端子供ができた」という話は聞くわよね。それを期待するという意味ではなくても、今の煮詰まった状況をシフトチェンジするという意味でも、「少しお休みしたい」と、切り出してみたら？「やめる」という結論を下す前に、ちょっとお休みしてみても、いいんじゃないかしら。だって、今のお悩みを聞いているとね、夫婦の大切なお金と時間をストレスのために使っている気がするの。でも、お金と時間って、幸せになるために使うものだから。

POINT

お金と時間は、幸せになるために使うもの。

Q.

不妊治療に非協力的な夫をどうすべき？

子供が欲しくて頑張っているのですが、夫が協力してくれません。何度も言ってしぶしぶ病院に検査をしに行ってくれたのですが、そこで夫側に少し問題があることがわかりました（自然妊娠は難しいかもしれない、けど治療をすれば子供はできる、みたいな）。でも、そこまで大きな問題ではないと病院の先生が言ったものだから、夫は楽観的になっています。私としては、今まで私が頑張って病院に通ってきたのはなんだったんだ、お前のせいじゃないか、という思いがあります。どうしたら一緒に頑張ってくれるのでしょうか？

（37歳・既婚・会社員）

A.

私は、子供を産むという生き方を選ばなかった女だけれど、不妊と向き合うこの世代の女性たちのお悩み、本当に難しいと思います。あなたたちご夫婦の場合、彼はどうして非協力的なのかしら？　体外受精などへの理解がないのかもしれないけれど、ご主人は本当に子供が欲しいと思っているのかしら？　そういう根本的なことを、ちゃんと話し合ってきたかしら？　もう少し、二人できちんと向き合う時間を取ったほうがいいんじゃない？

これまで、本当に何度も何度も伝えてきたけれど、大切な人とはきちんとコミュニケーションを取らないとダメよ。一緒に頑張ってほしいのであれば、もう一度、ご主人に思いやりを持って、きちんと向き合って、気持ちを聞いてちょうだい。そうやって、まずは非協力の理由を知るところから、解決の糸口は見つかるんじゃないかしら。

POINT

「非協力的」の理由を知ることが先じゃない？

Q. 性格が暗くなってしまった夫を元に戻すには？

夫がどんどん几帳面で暗くなってきています。酔っぱらってつい「最近暗いよ」と言ったら、「もともと明るい性格ではありません」と。以前は飲んだくれで、毎日泥酔して朝帰りだったのに、家にもちゃんと帰ってくるのです。「今は子供が小さくて大変な時期だから」と言うのですが、そんなに生真面目に頑張らなくても、多少適当でも気楽なほうが私はいいのに、と思ってしまいます。彼が明るい飲んだくれとして復活してくれるためには私はどのように接すればよいでしょうか。

（40歳・既婚・出版関係）

A.

もしかしたらオンナと別れたのかもしれない。まぁ、そのくらいの気楽な感じで、ご主人の母親になった気持ちでリハビリしてあげてはどうかしら？　とにもかくにも、ちゃんと帰ってくるって、何よりもいいことでしょ!?

旦那さん、お酒が好きそうなので、家で飲ませてあげるようにして、まずは二人で1杯からね。彼自身が、「もともと明るくない」と言うように、もしかしたらお酒で現実逃避していたのかもしれないし、暗くなった原因はきっと何かあります。それを母のように、ときには医者のように探り、原因もひっくるめて癒やして、彼を楽にしてあげられたらいいわね。そうやって、ちゃんと向き合っていく、それが結婚だからね。今はあなたも子育てで大変な時期だと思うけど、夫婦揃っていれば、家の中でだってじゅうぶん楽しく遊べる、でしょ？

POINT

母になったつもりで、彼に癒やし治療を。

Q. 昔好きだった人と再会したい。

大学時代に恋した人と偶然Facebookでつながり、メッセージのやり取りが始まりました。そして、出張で東京へ来る彼と久しぶりに会うことに。容姿の衰えを少しでもリカバーしようとマッサージなんかもして（笑）、万全の準備を整えたのです。が、当日彼は高熱を出したということでその会は流れてしまいました。本当に高熱を出したのかもしれませんが、もしかしたら私が面倒だと思われてしまったのかもしれません。今後、彼と友人として付き合うことは可能でしょうか？（36歳・未婚・広告関係）

A. マッサージまで行って、万全の準備をしたのにね……。そんなあなたには辛いけれど、一言で言ってしまえば、その人とはご縁がない！　そもそも大学時代に想いが成就しなかった時点でご縁がなかったのだし、今回のドタキャンも、なんだか彼に試されているような気もするわね。

友人として付き合うにしても、めんどくさい男は疲れるだけだわ。私なら、前に進むわね。そもそも体の弱い男はダメよ！　大事な場面で体調崩すようじゃ、いざって時に男としてどう⁉　せっかくの甘酸っぱい恋の思い出、しょっぱくしないでね。

POINT

ご縁がないの、さよなら。

Q.

好きな人が嫌われ者かもしれない

気になっている人がいるのですが、共通の友達数人になんとなく彼のことを探ってみると、ものすごく評判が悪いんです。嘘をついたり、メンヘラ気味だったりすると……。私とふたりの時は一緒にいて楽しいし、顔も好みなので付き合いたいのですが、やはり躊躇してしまいます。マリさんだったら、他人がなんと言おうと自分の気持ちを信じますか？

（27歳・独身・美容関係）

A. 当然、自分を信じますよ！　評判が悪い人って、口が上手い場合が多いわよね。だから人によっては、「信用ならない」と思われるのだろうけれど、まず一番大切なことは、自分にとってどうであるか？　ということ。

私ならまず、気になる人とは一緒に食事をします。マナー、食べ物の好き嫌い、店員さんへの態度。それで相手の人となりがある程度わかると思う。それを踏まえて、まだ気になるようなら、第2段階。わがままを言ってみる。「今日どうしても会いたい」とか、可愛らしいわがままをね。そうして自分なりに相手のことを見極めて、それでもやっぱり好き！　と思うなら、もう仕方がないじゃない。

いつだって、私にできるアドバイスはひとつ。行動あるのみ！　何も行動を起こさず、頭の中で考えていたって、何も解決しないでしょ。きちんと相手と向き合って、目を見て、触れて、温度を感じて、自分自身の心に正直に行動してみて。

POINT

行動あるのみ！

Q.

メンヘラ気味の彼

付き合って1年ほどになる彼は、とても優しく、ずっと一緒にいたい人です。ところが大きな悩みがある時だけ、彼は豹変してしまうんです。この世の終わりかと思うほど落ち込み、その都度「別れたい」と言い出します。数日後には撤回し、結局別れずに済むのですが、私にとってストレスです。きっぱり別れることも考えましたが、好きな気持ちもありズルズルと……。今では心配すぎて突き放すこともできません。彼の心を安定させ、私も安心できる付き合い方ができるようになればいいのですが……。（30歳・未婚・自営業）

A.

豹変するって心配！　きっぱり別れることを考えた時点であなた限界だったんじゃない？　もしあなたが彼を受け止める覚悟が持てるなら、「二人で治していこう」と、心療内科の治療を受けるのも、ひとつの選択肢です。

私だったら、ストレスになる相手とは付き合えないです。何度も別れ話をされるなんて、「こっちの気持ちはどうしてくれる?」って話。生きていれば色々あるんだから、そのたびに一喜一憂されちゃ困ります。付き合って一年なら、まだ傷も浅いだろうし、ここでひとつ彼とこの状況をじっくり話してみては? 別れるという選択肢も含めて……。きっぱり別れを告げるのも一つの方法だと思います。「何か自傷的なことをするかも」なんて心配かもしれないけど、こういう男の人って意外に大胆な行動は起こさないから大丈夫。もしかしたら、逆に彼もクールダウンして自分自身のことを考えるかもしれないわよ。今は自分を大切に!

POINT

今こそ仕切り直しを。

コラム②

対人関係論（夏木マリの）

悩みの多くは会話レスが原因だし、会話レスが悩みを生むの。もちろん悩むのは人間の特権ですし、悩むことで成長する、すごく大切なこと。でも、一人で考えちゃうと答えはなかなか見つからないもの。これまでにたくさん伝えてきたことだけれど、人と人は、とにかくコミュニケーションから。いま思っていること、悩んでいることを、怖がらずに言葉にして相手に伝えてみるの。一人で頭の中でグルグルさせていないで、言葉にする。それこそ、行動を起こす第一歩になるから！

私は友人が多いほうではないし、ご飯を食べに行くような親しい人は限られている。最近断捨離をしているのだけど、人間関係も断捨離よ、今の私は。何でも話せる、気のおけない大切な友人が数人いればいい。

そんな風に大切だと思える人と長く付き合ってこられたのは、べったりしすぎなかったからではないかと思っている。お互いに心地よい、適度な距離感。それができるのは、互いにリスペクトがあるから。相手の貴重な時間の中にズカズカと割り込んで行かない。だって、お互い忙しいのだから。大人になったら、学生気分で付き合ってはいけないわね。

〝聞き上手は話し上手〟というけれど、私は聞き手でいることが多い。例えば友人から相談があったら、相談ごとに近い自分の体験談を話す。それだけ。あるいは、私はこうしてお悩み相談をやらせていただいているから、その話をする（そういう意味でも、みなさんの貴重なお悩みで救われる人はいるのよ）。「こうしたほうがいいよ」とか、「それはいけないよ」とは絶対に言わない。だって結局決めるのはその人自身だから。その人の気持ちがエモーショナルに動くものを提供して、選択肢を多くしてあげる。わかり合える友人であったら、私が何を伝えようとしたかは、それだけで十分伝わるものだから。

で、どうする？

第3章

嫌いな自分との付き合い方

腹を、お決めなさい

コンプレックスのない人間なんて、いる？

人間って、良いところと悪いところ、長所と短所でできていると思うの。そしてコンプレックスというのは劣等感であり、自分の嫌いなところよね。それでいうと、私は非常に欠点（短所）が多い人間だと思っています。だから「個性的」だと言われているのでしょう。

一般的に、長所＝良いところということになっているけれど、果たして本当にそうかしら？　自分が長所だと思っていても、他人からはそう思われていないかもしれないし、もしかしたら自分が欠点だと思っていることの中に、他の人にはない魅力が眠っているかもしれない。つまり、長所・短所ってすごく相対的なものだと思うの。そして世の中、コンプレックスのない人間なんて、いないと思う。

例えば今、「シネマコンプレックス」っていうじゃない。一つの場所で複数の映画が上映されていて、一箇所で色々選べて便利なところ。つまり人間もコンプレックス＝

複合体と思えばいい。自分の中にあるコンプレックスって、嫌なものだし、面倒だから、みんな見ないようにして目を背けがち。でも、そこが素敵だったりもする。みんなとは違うもの、自分らしい宝ものが、落っこちているかもしれないから。だからコンプレックスから逃げないで、自分の嫌いなところととことん付き合うの。

劣等感をコントロールする

私は、自分の声がとても嫌いでした。でも、今は好き！　それはボイストレーニングに時間をかけて自分の声を好きにしたからね。コンプレックスを個性に変えてやろうと思ったの。

他人から「いい声だね」なんて言われることの方が恐怖。それがどうした？　でしょ？　だって、他人にどう思われようと、それを愛せないのは私自身の問題だから。

そもそも、いい声の判断基準が何かわからないけれど、いい声の人、歌が素敵な人なんて、世界中にたくさんいる。例えば日本で言ったら誰かしら？　井上陽水さん、小田和正さん、松山千春さん。山下達郎さんなんて、「クリスマス イヴ♪」なんて口ずさまれるだけで、グッときちゃう。ズルいでしょ！　だから、自分の声をどういうふうにしたら好きになるか、イメージしたのね。

例えばニューヨークに半年間いた時は、ロックのボイストレーニングに通ってみたの。ジャニス・ジョプリンが好きだったし、彼女のしゃがれ声は理想的だったから。そこである時、ピン！ときました。日本ではクラシックのボイトレの先生についていたのだけど、ロックもクラシックも身体の使い方が同じだということに気づいたの。それからは、自分のやり方に自信が持てて、自分を導いてくれる指導者の下で、いかに自分らしさをピックアップして好きになるかということに時間を使ったんです。

どうせなくならないコンプレックスなら、その劣等感を愛せるようになるまで、どこまでも時間を費やしたっていい。だって仕方がないじゃない。私には、第一声でイチコロだというような天性の歌声は、備わっていなかったのだから。でも、この自分という限りある資源を最大限生かすしかない。そうやって自分の中の「好き」が一つでも増えれば、こんなハッピーなことはないし、劣等感をコントロールできるって大事よ。

他人と比べたって仕方がない

実は私、この45年間で人前でミニスカートをはいたことは一度もないんです。なぜなら、自分の膝下が短いのが嫌だから。私のミニスカート姿は、世間には出ていないハズ。でも、そんなことに気づいている人はほとんどいなくて、自分のコンプレックスなんて、所詮そんなもの。ふと、この膝下が菜々緒ちゃんみたいにすらっと長かったらなぁと思うこともあるけれど、そうはならないわけ。で、どう付き合うかと考えて、私はパンツって決めたの。ここで、ヒールの高い靴を履けばいいじゃない、という選択肢もあるけれど、私は自信のないミニスカートにヒールを履いて裾を気にしながらちょこちょこ歩くよりは、堂々と、歩幅を大きく歩きたいの。パンツスタイルで、スカッと素敵に歩いていた方が、カッコイイと思うから。これが私の美学というところなのだけど……。

そうね、姐さんにもコンプレックスはいっぱいあるわね。そもそも自分の顔も気に入らないな。でもたくさん触れてきた今は、ま、許せます。毎日自分の顔を見て、どうやったら好きな顔になるかメイクもたくさん研究したの。眉ナシもありかな、とか。リップだけにポイントを持ってくるのも意外とインテリジェンスかな、とか。そうやって自分と向き合うのって楽しいじゃない。コンプレックス克服メイク！　なんて大看板はいらないし、生きていれば良くも悪くも、顔は刻々と変化していくもの。だから死ぬまで結果は出ないと思うけど、今、今日、この時点で許してやるか、くらいの気持ちで、自分の顔を愛でてあげるの。

人は自分に自信がないと、つい他人と比べてしまう。でも他人と比べるのは意味がない。そんなことしたって、良いことなんてひとつもない。いや、むしろ比べることで、自分の好きなところってどんどん見えなくなってしまう。だけど人と比べなければ、自分の好きなところはいくらでも見つけられると思います。

気持ちと行動を一体に

「自分らしく輝け！」って女性誌などでよく見る言葉だけど、「あなたの良いところを出して輝きなさい」と、解釈を間違えてしまっている人がいると思うの。でも、〝らしさ〟というのは必ずしも「良いところ」とイコールではないと思います。例えば、かつては好きじゃなかったこの声は、今、私の〝らしさ〟だと思うし、他人がなんと思おうと、私はこの声が好き。だから、「自分らしく」輝きたいなら、欠点で輝いたって全然ＯＫなのよ。

画用紙を真っ黒に塗りつぶしてしまうのも、その人らしさかもしれないじゃない。だけど子供の頃にそんなことをしたら、暗いって叱られたのよ。でも、それがその子らしさだから、そこも素敵だと思わなきゃね。

そして、コンプレックスを受け入れて、そこに自分らしさを見つけ、それを輝きにまで変えていくには、行動が伴わないとダメね。私は夏木マリになってもう45年も生きたけど、この顔も、声も、スタイルも、どうしたらいいものかと目をそらさずに向き合ってきました。大切なのは、気持ちと意識。だからこそ、行動しなくちゃダメなのよ。気持ちの問題だといって、意識するだけで終わらせちゃう人もいるけど、それは違う。気持ちと行動は一体なの。「痩せたい」と思っているだけでは、それはただの願望でしかない。行動を起こさないと、気持ちは形にならないの。壁に貼った目標で終わってしまってはダメ。とにかく、行動あるのみ！　常々言ってきたように、「痩せたい」じゃなくて、「痩せるために何をする？」ということ！

自分を好きになるために、今までの人生を使ってきた

今この本を読んでいる人の中に、「自分らしさなんてわからない」なんて、思っている人いるかしら？　あなたは自分のこと、ホントにちゃんと知ってる？　これまで生きてきた時間を費やして、きちんと自分自身と向き合ってきた？

他人と比べることをやめて、もう一度自分と向き合えば、今はまだ欠点に思えることの中にも、磨きがいのある〝らしさ〟が必ずあるはず。大丈夫。ちゃんと探せば誰にだって絶対にあるから。そしてその思いを行動に移せば、遅すぎることなんて、ない！

現代人は本当に忙しくて、時間がないって思いがちよね。でも不思議なもので、時間って作ればあるのよ。時間は、幸せになるために使うものだから。

で、どうする?

Q.

夏木マリに相談!

性格・コンプレックスに関するお悩み

A.

Q.

私はセンスが悪い。どうすれば？

センスのいい人に憧れます。ファッションやメイクは雑誌を見たりして勉強しているのですが、もともとのセンスがいい人って何をしてもオシャレですよね。作る料理や住んでいる部屋、生き方までもがセンスいいなぁ、と感じます。どんなことをすればそのようなセンスを身につけることができるのでしょうか？　年齢を重ねるごとに、色々な選択が守りに入りがちになっているなと実感しているので、マリさんのようにアグレッシブに生きていきたいと思っています。（38歳・未婚・医療関係）

A.

センスの良いものに出会うと、「何だこれは！」って感覚があるじゃない？「こんな組み合わせがあるんだ」とか「こういう引き算をするのか」とか、びっくりしてカッコいいいと思う。つまりセンスを磨くって、「何だこれは！」を提出できる自分を目指すことだと思う。「何だこれは！」は、岡本太郎さんの名言で、彼は「芸術というのは判断を超えて『何だこれは！』というものだけが本物なんだ」と語っているの。

センスを磨くには、ただ家にいるだけじゃ絶対ダメなの、冒険心あるのみ。いろんな人やものを見ると発見があるじゃない？　例えば「靴からソックスを出すコーデがあるんだ」とか。そんな小さな発見を自分の中にストックしておくの。そうすると何かのときにパッとひらめくものなのよ。そうやってアンテナを張っていないと、自分らしい「何だこれは！」は絶対に生まれない。だからあなたはセンスのいい人に憧れてる場合じゃないの、行動しなきゃ！　守らない、守らない！

POINT

たくさん動くこと。
そして、失敗から学べ。

Q.

とにかくモテない！

出会いの場や交流する機会はたくさんあるのですが、自分の女性としての人気がなさすぎて、友達が増えるばかりで交際に至ることがないのが悩みです。（30歳・未婚・アパレル関係）

A.

女らしさって何かしら。自分らしさを磨いて、自分らしく輝くことよ。自分らしくなるってことは、ネガティブ要素も受け入れないといけないから、強くなる。強くなると優しくなる、つまり女らしくもなるのです。

自分らしさを見つけるには、一つのことに熱中するのがいいですね。私は『印象派』という舞台を25年続けているのだけど、これがあって自分らしくなれた。自分らしく輝けば、モテるようになりますよ。実は知らなかった自分ってあると思うの。

POINT

自分らしさを見つけてごらん。

Q.

男性経験がない。

35歳ですが、彼氏いない歴35年です。男性にとってかなり〝重い〟と思います。正直に言うべきか、隠すべきか、どちらがいいと思いますか？　客観的に見て外見も普通だと思うので、誰も私が処女だとは思わず、彼氏もいた前提で話をしてきます。いちいち実は……と話すことでもないと思いますが、嘘をついているようで気が引けます。でも言わなきゃいけないかもと思うと、男性と会うのが年々憂鬱になって、彼氏も作れません。こんなことなら若いうちに誰でもいいからしておけばよかったかな……。（35歳・未婚・会社員）

A.

本当に好きな人に出会ってなかったのね。今となってはすばらしいことじゃない！　わざわざ相手に言う必要なんてありません。どう思われようと、こちらの知るところではありませんよ。だって、あなたはまさにマリア様のような存在なのよ。

自信を持って！　処女であることを前提に考えないで、時の流れ、相手に任せればいいと思う。仮にあなたが処女だと知って去っていくような男がいたら、ろくな男ではありません。本当に好きな相手と時を迎えて「しまったー、これが初めてだったら良かったのに……」と後悔しないように。ありのままのあなたを受け入れてくれる男性が、絶対にいますから。

POINT

本当に好きな人に出会うのは、これから。

Q.

人との距離感が摑めない。

人の輪に入っていくのが苦手です。社会に出てある程度訓練されたとは思いますが、人との距離のとり方や、心を開いて人と仲良くなる方法がわかりません。興味のある人に話しかけることが恥ずかしくてできないし、自分の話をするのもなかなかできません。人気者になれなくてもいいので、せめて、好印象を与えられるぐらいにはなりたいなと悩んでいます。大人になってから社交的な人間になるのは難しいのでしょうか？（35歳・既婚・マスコミ関係）

A.

距離感が読めない人って、急にめちゃくちゃ近づきすぎたり、逆にすごく遠かったり、ちょっと不自然になってしまうのね。それって、人との距離が自分基準になっているからじゃないかしら？「話がしたい」とか、「好印象を与えたい」とか、自分のことを考える前に、大切なのは相手のことを考える優しさだと思うの。

私のファンの人に、距離のとり方がパーフェクトな人がいるの。10年来ファンでいてくれて、ライブも欠かさず、必ず最前列。だけど、絶対にガツガツ声をかけてこないし、あくまで姐さんのファンとしてのボーダーラインが彼女自身の中にある気がして、応援がすごく伝わってくるの。それって、ファンとの最も心地よい距離感。

お互いの関係性によって距離のとり方は違うと思うけど、要は相手を気遣う優しさです。人との関係性は一朝一夕には作れないので、時間をかけて育めば良いと思うけれど、じっくりと、まずは相手を観察することから始めてみては？

POINT

相手を思う優しさが、人との適正距離を生む。

Q.

震えるほどの幸せが実感できない。

1年前に子供を産み、毎日幸せなのですが、世にいう「震えるほどの幸せ」は実感できません。仕事をしていると、たまに子供がいる現実を忘れて、夜、授乳のためにおっぱいが張って「ああ、私母親だったんだ。早く帰らないと」となることもあります。夫やまわりのママ達ほど子供に興味が持てないんです。なんならこの子が大人になるまで責任をもって面倒をみないといけないことに恐怖すら感じます。自ら望んで妊娠、出産したのですが、子供よりも自分が大切な身勝手な人間なのかもしれないと思うと、怖くなります。(37歳・既婚・美容師)

A.

そんなことありませんよ。誰だって子供を授かったら責任を感じるでしょう。でも震えるほどの幸せって何？　そんな人いるの？　みんな〝普通が一番幸せ〟って、わかってはいても、忘れちゃうのよね。

例えば、私がSNSでやっている「1年前の今日シリーズ」。今日撮った写真には震えるほど感動しなくても、1年後に見返したら、あぁ、あの時楽しかったなぁ、と胸がキュンとして幸せを感じられたりする。そういう小さな幸せを集めていくの。幸せって自分から見つけて、拾い集めるものなんじゃない？ それにね、幸せは人それぞれでしょ。みんなとお揃いである必要もない。隣のママには隣のママの、あなたにはあなたの幸せがある。だから身勝手だなんて思うこともない。自分自身が幸せであることが、子供の幸せに繋がるのね。今のあなたは、少し孤独を感じているのかもしれないわね。ひとつひとつ、幸せを集めてみて。

POINT

幸せは向こうからやって来ない。拾い集めるものです。

Q. 私、キャラがない人間なんです……。

いじられると、どう反応したらいいのかわからないのが悩みです。自分は個性もなくいじりづらいタイプだと思うのであまり機会はないのですが、いざいじってもらっても、どうすればいいのかわからず固まってしまい、場を盛り下げてしまいます。いじってもらえるのは有り難いと思うし、うまく反応したいのですが……。自分ってキャラがない人間なんだなと思うとさみしい気持ちになります。どうしたらもっと面白いことが言える人になれますか？　もっと面白みのある人間になりたいです。（32歳・未婚・ラジオ局勤務）

A.

そもそも、世界にあなたという人間は一人しかいないのよ。「キャラがない」「個性のない」人間なんて、いません。あなたは面白いことを言える人になりたいのかもしれないけれど、面白いだけがキャラじゃないでしょ？　無口な人、無個性な人だって、その人の〝キャラ〟じゃない？　ただ、今の自分を変えたいと言うならば、キャラが欲しいと思っているだけではダメよ。あなたは、どういうキャラクターになりたいの？　そのためにはまず自分自身をよく知ることが必要だし、その上で、ナチュラルな自分を活かしつつ、プラスちょっとの理想。

もし、いじられキャラになりたいなら、面白いことを言おうと無理するより、「いじってもらって光栄なのですが、なんか、うまいこと反応できなくてすみません……」って本音を言って、プラス変顔とか⁉　最初からうまく反応できなくてもいいの。積み重ね積み重ねで、あなたのキャラが確立されていくのです。

POINT

もっと自分をよく知りなさい。プラス、ちょっとの理想を。

Q.

ハードルがないと満足できない。

仕事も評価されて順調だし、結婚生活もうまくいっていて、周りの友達からはそれ以上何を望むの？ と不思議がられます。が、私は困難に立ち向かっていないと成長している実感が持てず、物足りないんです。今の仕事は普通にこなせる内容なので、もっと厳しい環境で自分を試したいと思っています。辛い思いをしないと、ラクをしているような気がするのです。ドMでしょうか。このままずっと自分を追い込みながら生きていく先に、満足は訪れるのでしょうか？ そんな辛い生き方やめなよと言われると、不安になってしまいます。（36歳・既婚・営業職）

A.

あなたの気持ち、わかるなぁ。私も、どちらかというと同じタイプ。そして、揚げ足をとるようだけど、仕事はこなしちゃいけないわね。こなせても喜びは感じていないから、満足感が得られないのね。それで？ もっと厳しい環境で自分を試すなんて、大いに結構！　だけど、あまり周りの言うことを気にしないで。バランスが崩れるから。今の気持ちだと、新しい環境に身をおいても、きっと永遠に、満足は訪れないと思う。
私からのアドバイスとしては、一度リセットするという意味でも、ちょっと仕事をお休みしてみてはどうかしら？　ということ。そうすることで、物事がもう少し俯瞰《ふかん》でとらえられるようになり、よりクリアな思考で、仕事に打ち込めるようになるんじゃない？

POINT

厳しい環境、大いに結構！　でもその前に、ちょいとひと休み。

Q.

ヒステリーを抑えられない時があります。

マリさんでもヒステリックに人を怒ったりすることはありますか？ 少し前に秘書を怒鳴る議員が話題になりましたが、私もどうにも怒りが抑えきれず、夫や子供を怒鳴りつけてしまうこともあり、冷静になると自分が恐ろしいです。マリさんは怒りを感じた時、どのように対処していますか？（36歳・既婚・育休中）

A.

そもそもヒステリーを起こすのって、「自分はこんなに頑張ったのに裏切られた！」と感じるからじゃない。そしてその爆発する思いを、どこにどうぶつけていいかわからない。つまり自己表現する術がないからヒステリーという形で噴出してしまう。なら、ヒステリーとは別の形の自己解放の方法を探せばいい。私だったら、環境を変えるわね。水を1杯飲むでも、大きな声で歌を唄うんでもいいの。些細な環境の変化で、驚くほど気持ちが落ち着くことがある。怒りやイライラのパワーってなかなか大きな原動力だと思うの。それを別の表現方法で発散できたら、新しい自分を発見できるでしょ⁉ 誤解を恐れずに言うとね、ヒステリーと愛情って密接に関わっていると思うの。子供の頃に満足に愛されていないと、大人になってからも感情のコントロールがききづらくなると聞いたことがあります。もしあなたのヒステリーがお子さんに影響すると考えたら、すごく残念なことだと思わない？ でも、あなたの場合、「冷静になれる」自分がいるから大丈夫。まずは一呼吸、ね。

POINT

そのヒステリーを、違う力に変えて！

で、どうする？

第4章

好き、を極める

自分が最大限に輝ける環境の作り方

本気なら、出会える

私の場合、30代で演劇に出会い、没頭して、あっという間に10年が過ぎました。その頃には自分のやりたいことがちょっとずつ見えてきていて、これは好き、これはやりたいけど、これはいらない、という整理もできるようになってきていました。遅いけどね……。

だけど、演劇を続ける中で、ひとつ気づいたことがあったの。舞台空間は私にとって体を動かす場所。例えるなら、サッカー選手が思いっきりボールを蹴って走り回れる、グラウンドみたいな感じ。そこで体を動かすことは非常に清々しいから、好きな場所。だけど、ここでやる演劇、つまりセリフ劇というものが、果たして自分は本当に好きなのだろうか？　ということ。舞台俳優として歩き続けて10年。錚々《そうそう》たる演出家の方々に声をかけて頂き、全身全霊で応えてきたけれど、自分のなかで演劇というものが魑魅魍魎《ちみもうりょう》となってきて、なんだかもうよくわからなくなった……。過去、ニューヨークでひとりぼっちと向き合った経験も影響してか、集団から飛び出して、自分の中の演劇に対する思いを、改めて、ひとつひとつ整理したいと思いました。

舞台空間は好き。ならば、同じく好きな音楽と一緒に、一人で身体表現をしてみよう。そんな思いで、クリエーション全て、プレイヤーとしても一人で演《や》るという舞台をスタートしたのが1993年のこと。これが『印象派』の始まりです。

舞台を自分で演出するにあたり、たくさんのものをインプットしました。その中で、出会ったのがコンテンポラリーダンス。そしてピナ・バウシュの舞台を観たときに、「これだ!」と思った。私のやりたいことは、まさにそこにありました。そこから、コンテンポラリーダンスに傾倒して、2009年にはパフォーマンス集団『MNT(マリナツキテロワール)』というチームも立ち上げ、今ではダンスカンパニーになってきています。

私は今年で、仕事をスタートして45年が経ちます。『印象派』は25年。そしてノヴさんと進めているバラと音楽で途上国の子供たちの教育環境を支援している『One of Loveプロジェクト』が10年。これだけ周年が重なるのだから、何かやろうと考えたとき、〝ロクマル〟から始めたライブハウスツアーのことが頭をよぎりました。「もう一度初心に戻って好きな歌を唄いたい」という思いで始めたツアー。過去に3回決行していて、ライブハウス、ホール、と集客が増えていくことを望んでいたけれど、これが思うように弾けない。そうなっていないということは、私に何か原因があるということ。だから今年は、あえてライブハウスツアーを休むことにしました。45年を迎えるにあたり、本音を言えば、ツアーを続けたいけど、今年はあえて時間をおくことにしたの。

ライブの構成、アプローチの仕方、セットリスト。一曲一曲再考して、本気で音楽と向き合う。そうしてみて今一度リスタートしたいと考えました。

私が45年も活動を続けてきたことは信じられないけど、でもそこには答えはなく、面白いなと思っています。結果はいつか、ついてきますから。

行動あるのみ

パフォーマンスにおいて、人間の感情表現は言葉だけじゃないと思っています。指先ひとつ、目の瞬き、口の開け方でも、自分が持っている肉体という言語と、自分のエネルギーを出し切って表現を重ねたら、それは身体が表現する言葉となり得る。私は自分でたどりついたそのメソッドに、誇りを持っているし、演劇においてセリフ劇と並行して身体言語で観られる舞台がもっとあって欲しいと思う。そして物語をバラバラにしたって面白いものは創れる。

25年続けてきた『印象派』は、始めた頃、国内ではあまり理解されず、悲しい想いもあり、日本での活動をストップしてロンドンに事務所を置きました。そしてアビニヨンやエジンバラなど演劇祭の見本市に参加しました。『印象派』を上演して、エージェントに作品を買ってもらい、ヨーロッパツアーに出る、という流れに乗り、手応えを感じることができました。それはそれで、なかなか気分は良かったのだけど、同時に反省したこともあって。当時は私とマネージャーの二人だけだったから、スポンサーを見つけるのも資金繰りも、大変！　一つの舞台を創るというのは、大金がかかりますからね。ここがインディペンデントの辛さ。いつも行き当たりばったりの状態でヨーロッパの地方を回っていると、これってちょっと違うかな？と反省。

その頃、ちょうど北野武さんの映画がヴェネチア国際映画祭で賞を取って、ヨーロッパにいると武さんの噂をたくさん聞くようになりました。そうね、日本でちゃんと仕事して、やりたいことを海外に持ってくる。これこそ、正解！　と気づいたの。それで、ロンドンの事務所を撤退して帰国し、日本でも『印象派』を一人でも多くの方に観て頂けるようにと、決意を新たにしたのね。

そのためにはもちろん、テレビにも顔を出さないと集客に結びつかない、ということに、遅まきながら気づきました。そこから、また仕切り直しで頑張ってきたというわけ。

理想とする仕事の環境を整えるためにできること？　それは、思いを言葉にして、体を動かすことです。つまり、行動するということ。私が生きていく上で大切にしていることは、〝人生で、何回感動できるかどうか〟。私がこれまで『印象派』で得た感動は、本当に何にも代えがたいものです。極上の喜びを知ってしまったら、例えば、お金と感動どっちが大事？　と聞かれても、私は迷わず、感動と答える。だって、人は最後にお金を持って死ねないし、家だって持っていけないでしょ。人との出会いだったり、新しいものを観たり本を読んだり、30代40代の女性でも、感動することは周りに溢れている。それこそ、行動を起こすからこそ感動に出会える。それが人生じゃない？私は『印象派』とともに行動してきたけど、誰もが、動けば感動と出会えると感じています。

新しい出会い

ここで少し、『Ｏｎｅ　ｏｆ　Ｌｏｖｅプロジェクト』のことを書きますね。今年で10

年目を迎えるプロジェクトで、バラと音楽で途上国の子供たちの教育環境の支援と、その親御さん、特に働く女性たちが誇りを持って仕事ができるようにサポートさせて頂く活動として、今進んでいます。

支援とは元々はキリスト教の考え方からきていると思いますが、日本人は支援という考え方の教育をあまり受けていないので、私自身、馴染みがないものでした。仕事柄、何かのアンバサダーや支援活動へのお誘いは過去にたくさんありましたが、責任重大ですし、私の手には余ると思い、すべてお断りしていました。なんだか、ちょっと胡散臭い？　という思いもあって……。けれど、私には子供がいないですし、40代の最後に、個人的に何か子供と関わることをしたいと思うようになりました。友人がやっていたという縁で、チャイルド・スポンサーという、途上国の子供の健やかな成長を支援するためにお金を送るプログラムに参加。私は行ったことのない国、中米のエルサルバドル、南西アジアのバングラデシュ、アフリカのエチオピアの3つの国を選んで、一つの国につき一人の子供にお金を送るということを何年か続けていました。

支援を続けていると子供たちから写真が送られてくるのですが、何年か経ち、子供たちに会いたいという思いが芽生え始めた時期に、ちょうどノヴさんとのお付き合いも始まりました。付き合い始めた二人って、どこか旅行に行こうという話になるでしょ？　その時に、ラグジュアリーな旅はやめて、支援している子供たちがいる国に行ってみようということになったの。

私一人だったら、絶対行っていなかったと思います。テレビのロケで壮絶なインドへ行ったり、そういう旅は過去にあったけれど、途上国への旅は、生まれて初めて。それはそれは大変な旅になったけれど、あの時の旅が、すべての始まりだったと思います。

まず、向かったのはバングラデシュ。それこそ、東急ハンズで虫よけグッズを全部買い占めての旅。それまで泊まったこともないようなユースホステルに泊まって。電気も通っていないので、夕食時にはロウソクが1本灯されるのだけど、日が落ちて、ロウソクが消えるともう真っ暗。鍋から何が出てくるかわからない、闇鍋状態で食事をして、持って行った蚊取り線香も全然効かないような夜。持参したカップラーメンを食べようにも水がないものだから、持っていった炭酸水で作ったらひどい味になるし……。湿ったようなベッドで眠りと、とにかく、初めての経験ばかり。こういう環境で暮らしている人たちがいるということを知りました。

だけど子供たちに会うと、そんなことがすべて吹き飛んでしまったの！　私たちが演奏をすると、お返しに劇を見せてくれたり、歌を唄い、地元の民族音楽に合わせてダンスを踊ってくれたり。なんだか、私たちの方がたくさんのお土産をもらって帰ってきちゃうような、素晴らしい旅になりました。それはエチオピアでも同じで。あれ？　私たち何しに行ったのかしら？　と思うような。

エチオピアでは、紅いバラに出会いました。エチオピアの首都、アディスアベバから車で1時間くらいの田舎町を訪れた時のこと。決して裕福とは言えないその町では、当時1日1US$で暮らしているような人たちばかりでした。けれど町の食堂に入ると、どの店でも一輪の綺麗な紅いバラがテーブルに飾ってあり、それは、とても不思議な光景として私の脳裏に焼き付きました。私の勉強不足だったのですが、エチオピアではバラの栽培が盛んで、国を挙げて低農薬農法を進めているということを知り、合点がいきました。

そんな旅の思い出話を友人たちとする中で、私たちが出会った紅いバラと音楽で何かプロジェクトを進め、人のために少し動こうかということになりました。みんなそろそろ仕事でも何らかのポジションにつき、人のために何かやりたいと思い始めていた頃で。それなら、個人で動くよりもプロジェクトにした方がいい！ということで友人レベルでスタートしたのが9年前。これが『One of Loveプロジェクト』のキックオフになりました。その時、「こんなことをやりたいのですが、賛同してくれる人はこれからもよろしくね」という思いで小さなGIGをやりました。現在まで、毎年欠かさず参加してくれているアーティストの仲井戸〝CHABO〟麗市さんと、当時、私のGIBIER du MARIEというバンドのギタリストだったichiro、そしてノヴさんと私の4人です。翌年から、6月21日という〝世界音楽の日〟を選び、この日を『One of LoveプロジェクトGIG』の日として、一夜限りのスペシャルGIGを開催しています。そして今、毎月21日はマリルージュの日にもなりました。

マリルージュの完成

初めてエチオピアを訪れた時、せっかく来たのだから何かグッズを作って帰ろうということになり、孤児院が運営している工場でトートバッグをオーダーして帰ってきました。あれから10年。未だに半分しか届いてないし、届いた半分も印刷の文字がずれていたり、正直、使えるような代物ではなかったけれど、こういうことになっちゃうんだ⁉ と、勉強にもなりました。1年目に支援したバラ農園には、先方の要望に応えてパソコンを支援させて頂いたのですが、そのバラ農園の場所に鉄道が通ることになったとかで、今ではもう取り壊されて、バラ農園は解散してしまいました。その後、パソコンは一時的に大使館に預かってもらわなければならなかったり、色々とインフラが整っていないが故に、東京で仕事をするような感覚では対処しきれないような、びっくりすることがたくさん起こりました。今でもそうです。けれど支援を決めた学校には、図書館の本や教科書、スクールセーターなどを毎年少しずつでも届けています。

教育を受けるのが当たり前だと思って育ってきましたが、私が訪れたエチオピアの田舎では、字が読めない人が大半でした。貧しい家の子は、学校に行くか働くか、選択の余地はほとんどなく、生きる術として働くしか道がないそうです。最初に訪れたバラ農園では、壁に50㎝、80㎝、１ｍと長さの違うバラの絵が描いてありました。素朴で可愛らしい絵だな、なんて思って見ていると、バラを仕分けして箱に詰める際に、彼らはその壁の絵にバラを１本ずつ当てて仕分け作業をするのです。なぜなら、数字も文字も読めないから。農園で働く人たちにとって、バラは嗜好品ではなく、麦や米と同じく、単なる農作物に過ぎませんでした。

けれど、農園にパソコンを支援してから、彼らの生活にも変化があったようです。字が読めなかった人たちが、検索機能を駆使するうちに字が読めるようになり、例えばフランスのお花屋さんのＨＰを見て、「花と関わるって、こんなに素敵な仕事なんだ」ということを知り、ある女性は「頑張って勉強し、フランスに行って、フローリストになる！」という夢を持ったり。そういう報告をもらうのが、何より嬉しいことでした。そして一番心を動かされたのが、３・11の時です。それは、私たちが支援を始めた翌年のこと。東日本大震災が起きた翌日に彼らから一通のメールが届いたのです。

「今年は僕たちに支援はいりません。東北の人を支援してあげてください」と。

字を書けなかった人たちが、私たちが送ったパソコンで、２０１１年3月12日にメールを送ってきてくれたのです。これほど感動したことはありません。支援させて頂いてよかったと心から思えた瞬間でした。すぐに参加してくれているアーティストたちと話して、その年は特例として、避難所から出張授業などへ通う福島県の子供たちの足となるように車を支援させて頂きました。

紅いバラと出会った国ということで、まずはエチオピアから支援していこうと決めましたが、エチオピアや途上国に限ったことではなく、プロジェクトに体力がつけば、もちろん国内も応援していきたい、というスタンスです。

例えば、山口県のバラ生産者との出会いはその一つです。当初はエチオピアのバラを輸入していました。日本の法律により冷蔵保存されてドライフラワーのような状態で手元に届くのですが、それを美しく咲かせるのは、素人の私たちには至難の業《わざ》でした。その上、200本のオーダーに対して500本届いたり、10本しか届かなかったり……。エチオピアとのやり取りには、当時、日本のお花屋さんも苦労していると聞き、現地にスタッフを常駐させない限り難しいことを知りました。そんな様々なやり取りの中で、日本のお花屋さんとも交流ができ、日本の花生産者さんもご苦労されていることが分かりました。

「日本人が花に触れるのは冠婚葬祭の時くらいで、花の仕事もなかなか大変なのです。日本の花農家も応援してください！」ということでした。

初めて知る事実に衝撃を受け、すぐに広島県呉市の育種家の方と山口県柳井市の生産農家さんを訪ねて、新しい品種のバラを作ることにしました。みなさまに活動を知って頂くには、バラの安定供給ということも大切ですからね。この時のバラ作りも、初めての経験でおもしろかったです。まず、どのバラがいいですか？　と言われて、2つバラを選びました。お父さんとお母さんになるバラをね。日本ではバラといえば、香りというところがありますが、バラというのは、香りを取るか、元気を取るか、どちらかなんですって。エチオピアで出会った食堂のイメージがあり、私は当初から日本のレストランにも置いてもらいたいと思っていたので、あえて香りよりは、強い、元気なバラを作ることにしました。そこから1年くらいかけて、色と形、花びらにこだわった、元気な紅いバラが誕生しました。平均的なバラの品種より、10日ほど長持ちするといわれています。お父さんもお母さんも、元気な品種を選んだおかげです。名前は「マリルージュ」にしました。

人のために、そして自分のために

〝GIG〟と「マリルージュ」。今、プロジェクトはこの二つで進んでいます。『One of Loveプロジェクト』はまだまだ友人レベルですし、始めて10年ですが、あまり大きくするつもりもないのです。10年前プロジェクトのスタートにあたり、支援というものがよく分からなかったので、まずはUNHCR（国連難民高等弁務官事務所）、JICA（国際協力機構）、ユニセフ、セーブ・ザ・チルドレンなどの、いくつかの団体を見学させて頂きました。けれど大きな団体になればなるほどハード面や人件費にお金がかかる。少し立ち止まりました。そもそも、私たちがエチオピアに行く旅費やホテル代を私たちが行くかわりに支援させて頂いた方が効率的なのでは？　という自問自答もありました。けれど、とにかくまずは自分たちで行って、見てみないことには始まらない！　ということで、最初は自分たちにお金を使って現地に飛んだのですが、結果、行って本当によかったと思います。途上国の田舎の町には不釣り合いなほどの立派な館が建っていたり、スタッフがたくさんいたり、団体への支援が全てストレートに子供たちに渡っているわけではない。当たり前のことですが、現実を見て考えさせられました。そして、この先私たちが支援をさせて頂く場合は、やはり決めた子供たちにダイレクトに届くようにしたい。そんな馬鹿正直さもあり、『One of Loveプロジェクト』はスタートしました。

結局、10年続けてみて分かったことは、誤解を恐れずにいうと、支援というのは、自分のためだということ。自分の心意気ね。結果として、届けたいと思っている人のところへ物資が届くけれども、「やってあげる」という感情は間違いで、「やらせて頂いている」ものなのです。現地にはそこでの生活があり、1日1US$の暮らしぶりがあるわけです。一時的に、気まぐれにものを届けて、無責任に放ったらかすのでは、正解にはならないのです。

これは本当に、〝永遠に続けなければいけないこと〟をスタートさせたと考えていますが、ＣＨＡＢＯさんは、言い出しっぺの私たち二人が横道に逸れないように、「監視役として毎年ＧＩＧに参加する」なんて言ってくれて、ありがたい限りです。

少しでも人のために動いているということは、自分の誇りになります。そして子供たちの笑顔があるということが、私たちの頑張りにもなります。これは、私とノヴさんが二人になって進めたプロジェクトです。私一人では到底、あの環境に旅するなんて思いつかなかったでしょうし、あの時間がなければ……、いろいろなタイミングが結びついて、支援に繋がることもなかったかもしれません。

「支援活動をやろう」という大義を掲げて始めたのではなくて、出会いから、みんなの意見を頂きながら、前を向いて進んでいるのです。

それまでは仕事だけで自分中心だった私が、人のために動くということを覚えました。ちなみに、私が歌詞を書く時のペンネームはバスケスというのですが、これは支援しているエルサルバドルの男の子の名前で、彼の名前を使わせてもらっています。当時は危なくて、今もそうかな、エルサルバドルには行けておらず、彼にだけ会えていないから。彼がまだ小さかった頃の写真があって、可愛い顔を見ていると、こんな私でも優しい気持ちになり、いい歌詞が書けるような気持ちになるのです。歌詞を書く時は、今でも彼の写真を机の上に置いています。

私が支援活動を始めるなんて、本当に夢にも思わないことでした。結婚と同じくらいびっくりしている。これも出会いですね。

Q.

夏木マリに相談!

仕事・人間関係に関するお悩み

A.

Q. 理解のない上司。

職場の上司が現場をわかってくれません。私の勤める病院は、割と余裕があって有給をとれる科もあれば、逆に有給もとれず残業しなければ回らない忙しい科もあります。そんな忙しい科は人がどんどん辞めていくのに、上司は業務の負担を減らすどころかどんどん注文をつけ、なかなか補充の人も雇いません。私はなんとかその差をなくそうと思って進言していますが、動いてくれそうにもありません。どうすれば上司にわかってもらえるでしょうか?(30歳・未婚・看護師)

A.

意外かもしれないけれど、私があなたの立場だったら、上司に言わずに今の仕事にだけ集中するでしょうね。私もいろいろな現場に入るから「段取りがうまくいってないな」って思うこともあります。でも何も言わないで自分の仕事に集中します。

そういう上司はこれからも聞く耳を持てないと思いますよ。むしろそういう時こそ、その中でいかにベストを尽くせるか、どれだけ自分の役割分担を頑張れるか、です。だって自分がイライラするのは嫌じゃない？　あなたも厳しい環境ではあるけれど、例えば注射を一本打つのでもいつもより丁寧にやるとか、患者さんといつも以上にコミュニケーションを取ってみるとか、ベクトルを変えてみたらどうかな。それができるあなたなら、いつかみんなのためにバーンと既存のシステムを変えられる。あなたがいい上司になれるはずよ。

POINT

そんな時こそ、自分の仕事に集中！

Q.

やる気のない後輩を、どう成長させるか？

新卒で入社以来、営業職についています。最近、部の中でも責任あるポジションについたのですが、後輩をどのように指導していけばいいのかに悩んでいます。後輩の中には、〝もっともっと成果を上げたい！〟というタイプの子もいれば、〝最低限でいいや〟というタイプの子もいます。成長意欲が強い派には色々アドバイスもできるのですが、それなりでいい派をどう動機づけして、やる気にさせていけばいいのでしょうか？　みんなをまとめていくのが仕事なので、とても悩んでいます。（31歳・未婚・会社員）

A.

「職場の上司」である前に、まずは一人の人間として向き合うことが大事ではないかしら。成長のスピードは人それぞれだし、むりやり価値観を押し付けることはできないわよね。でも、チームとして仕事をするのであれば、一人の人間としてきちんとコミュニケーションを取って、価値観を共有する必要があると思うの。ではそのためにどうすれば良いか、よね。まずは人としての信頼を勝ち得るしかないわね。後輩たちより経験を積んだ者として、自分自身が恥じない仕事を、例えば掃除も含め行動で示す。そしてキャリアプランを示してあげるの。仲間として一緒に仕事をして、成果を出し、働く喜びと意味を共有する。人と人は一対一。その人のスピードに合わせて、根気よく、諦めずに何度も何度もトライする。人を育てることって、一朝一夕にできることではない。だからこそ、本当に勉強になるのよ。そこまで寄り添うことができたら、間違いなくあなた自身にとってもキャリアアップになると思うわ。

POINT

まず、人としての信頼を勝ち得るということ。

Q. デキる後輩のつきあげ。

今年から同じ部署になった後輩が私より仕事ができるんです。いい子だし、それを鼻にかける風でもなく私のことも先輩として敬ってくれています。でも、このままだと自分の居場所はなくなる気がします。追い越されるのではないか？　むしろもう追い越されているのではないかと不安で仕方がありません。このままだと精神的なバランスも崩れてしまいそうです……。（36歳・既婚・事務）

A. 確かに今のあなた、バランスが悪そう。「私より」ってことは、あなたもそれなりに仕事はデキるという自負があると思うの。だから、自分には自信があるのに、意識的には劣等感を抱いているという状態で、バランスが取れていない。でもね、これは世の常だから。お山の大将として先輩風吹かせて空回りしている人より、ラッキーだと思わなくちゃ。ポテンシャルがあって仕事を任せられる後輩が現れたのだから、今の地盤は後輩に譲りながら、新たな場所の開拓を目指す。仕事のできない部下の尻拭いをするより、ずっと恵まれていると思います。私の世界にだって、同じような脅威はあります。若くて才能のある人は次々に出てくるのだから。キャリアを積めば積むほど避けては通れない道。だからこそ、自分にしかできない仕事、自分らしい場所をいつも開拓していくしかないの。キャリアを積むとはそういうことだし、これまでやってきた自分の仕事に、誇りを持って。

POINT

デキる後輩ができてラッキー。あなたはあなたの道をゆけばいい。

Q. 将来が見えない仕事への不安。

今、飲食店で仕事をしているのですが、この仕事は50、60歳まで続けていける仕事ではないなと感じています。体力的にもきついし、先がないなと思います。将来のことを考えずに、なんとなく仕事を続けてきたらこんな年になってしまいました。なんのスキルもないのですが、転職を考えるべきなのでしょうか？（36歳・未婚・アルバイト）

A. まずね、将来が見えない不安を今の仕事のせいにしているけれど、それを選んだのは自分自身だということを、今一度しっかり自覚してください。職場というのは、自分で会社を経営したって、１００％理想通りになんていかないものだと思うの。

転職すべきかどうかじゃなくて、まずあなたは何がしたいのか、そのための準備はできているのか、ただ嫌になったから辞めたいというだけでは、駄々をこねる子供と一緒です。

厳しいことを言うようだけど、スキルがないのは、そういう道を選んであなた自身が作った環境ですからね。それに飲食店も、本気で極めれば立派な仕事でしょ⁉

そして、転職には、何かしらのリスクも伴うということを、覚悟しておいてね。とはいえ、36歳なんてまだまだ道半ば。今は50歳、60歳からスキルを磨く人も増えているのよ。まずは何がしたいのかを決めないと。悩む順番が逆だと思います。

POINT

将来が見えないのは、仕事じゃなくてあなた自身よ。

Q.

パワハラ上司に悩まされる中間管理職です。

上司からの、私のすることへの口出しが激しいです。私もある程度責任のある立場になり、自分なりに頑張っているつもりなのですが、文句ばかり言われます。部下からも〝傀儡政権〟などと言われ、このままでは私の立場がありません。力不足なのかもしれないですが、それならこんな立場にしないでほしいと思います。その上司は管理職なので、細かい仕事に口を出す立場ではないと思うのです。いつまでも自分で仕事を動かしたい上司と、どうしたらうまくやっていけるでしょうか？（39歳・未婚・会社員）

A.

上司とうまくやる必要はないと思う。こういうクラッシャーとは、しっかり対峙したほうがいい。これは上司個人の問題を超えた会社の品格の問題だと思う。あなた自身、部下を持つ立場ならば、耐えるのではなく行動を起こさなくては。上司にされたことを逐一メモに取って、きちんとその上に報告する。こういう時こそ、ボイスレコーダーで録音とか、ね。責任ある立場として、会社全体のためにもあなたには動くべき大義があると思う。

そのために、まずは横のつながりや部下の信頼を得ることは必要不可欠よね。そして行動を起こした時、もし会社が味方してくれないようなら、組織としての信用を疑うわね。あなたが何らかの行動を起こすことで、上司に付け入る隙を与えず、パワハラが収まるかもしれない。いずれにせよ、ここは立ち向かうところよ！

POINT

自分自身のため、会社組織のために、怯《ひる》むな！ 立ち向かえ！

Q. 女子校のような職場。

職場の雰囲気が最悪です。女ばかりで、いつもみんなでいない人の悪口を言っています。悪気はないのはわかりますが、その雰囲気が苦手です。ビジネスライクに仕事だけの付き合いをしたいのですが、やれ飲み会だのランチ会だの、うまくやっていくためには参加せざるをえません。きちんと仕事をして、周囲ともそれなりにうまくやれればいいと思っているのですが、仕事とプライベートの境界線もあいまいな職場に疲れています。マリさんが私の立場だったらどのように振る舞いますか？（35歳・既婚・広告関係）

A. 女ばかりが集まると、ねぇ……。私もこういう環境は苦手だから自分からは近寄らないようにしているけど、こういう職場、案外と多いみたいね。空気が最悪でしょ。私だったらもう、空気は読まない！　徹底して能天気を貫く！

職場に対するあなたの距離の取り方、まったくもってその通りだと思うわ。仕事にプライベートを持ちこまれるの、私も好きではありません。でも、それが避けられない職場だとしたら、もう悪口でも何でも言われる覚悟で、飲み会でもランチ会でもいいから一回自分で仕切ってみるのはどう？　そして自分が仕切った会では、腹を括《くく》って女芸人に徹するの。狂言回しのごとく場を回し、悪口を挟み込む隙を与えない。同じように悪口ざんまいの会にしては意味がないからね。かなりの荒療治かもしれないけれど、あえて、巻き込まれてみるのはいかがでしょうか。一度積極的に幹事をやっておけば、それなりに付き合ったことにもなるでしょ。

POINT

完全なる荒波に飲み込まれてみる。

Q.

女の嫉妬。

昔ルームメイトだった女友達から敵対視されているように感じます。彼女から見ると、私は仕事もプライベートもうまくいっているように見えるようで、彼と一緒にいる場で前の彼の話をしてきたり、「昔は結構遊んでたよね」みたいなことを言ってきたりして、嫌な気持ちになります。2年前に同居は解消したし、もう会うのをやめようと思うのですが、前は本当に仲がよかったので断ち切ってしまうことに躊躇もあります。マリさんは女友達との関係をどのように考えていますか？（32歳・未婚・自営業／フリーランス）

A.

断ち切りなさい。時間は流れていますよ。私は女同士で群れることがないので、この手のお悩みとは無縁だけれど、こういうややこしい人は疲れるから、私なら離れます。これこそ私が実践してきた「人間関係の断捨離」に当てはまる案件ね。急に縁を断ち切るのが無理だとしても、徐々に距離を置いて疎遠にしてください。

彼女の行動はジェラシーなのよ。これは女同士における掟みたいなものだけど、
一．自慢に聞こえるような話はしない。二．幸せアピールはしない。

とにかく失敗談を笑い話として話しておけば、攻撃されることはないし、ちょっとくらい不幸があった方が先方には都合がいい。女の嫉妬から逃れたいなら、幸せオーラには気をつける。まぁ、ご参考までに。

人との関係性って、月日と共に変化して当然だと思うの。人も環境も変わるもの。むしろずっと変わらずにいられることの方が歪《いびつ》です。

POINT

ジェラスには、ちょっとの不幸。幸せオーラに、気をつけて。

Q.

仕事が嫌です。転職すべき？

銀行に正社員として勤めていますが、この仕事が嫌で嫌でたまりません。月曜日はどんよりした気分で出勤し、金曜日に向けて少しずつ元気が出てくる、そんな毎日です。給料や待遇はいいし、独身で収入は大事なのでずっと続けてきましたが、もうすぐ35歳。転職するには最後のチャンスの年齢だと気づきました。が、これといってやりたいことがあるわけでもなく……。でも、今の仕事を定年まで続けるのだけはゾッとします。どうしたら自分のやりたいことを見つけられるのですか？

（34歳・未婚・金融関係）

A.

やりたいことを見つけたいとか、天職じゃないかもしれないとか、そういった思いは誰しもあると思う。でも今はそれは置いておきましょう。有給休暇をとって、旅に出てごらんなさい。狭い世界でルーティーンの毎日を送っているから感謝の気持ちがなくなるのよ。旅をすると、いつもとちがう感覚に出会えますから。
そもそも、仕事をやめる必要なんてまったくないですよ。知り合いのフランス人は、やりたいことのために仕事しているって言うんです。生活を守るために働いて、仕事以外で自分らしくいるための術を考える。プライオリティが全く違うのね。そういう人たちと接すると、仕事がつまらないから転職しようっていうのは、何か違うって思いますよ。だってお給料もいいんでしょ？　土日も休みなんでしょう？　いろいろやりたいことできるじゃないですか。それをすぐ転職と結びつけるというのは、幸せすぎて目先がおかしくなっていると思います。

POINT

少し落ち着いて。

コラム③

仕事論（夏木マリの）

日本人の三大義務は、教育・労働・納税。これは、ちゃんと実行しなければなりませんが、私の話をするとね、労働（つまり仕事）は、「表現」というものになるのだけれど、それは数字として評価が出るものでもないし、答えがあるわけでもない。次はこうしたいと思って続けているうちに、気づけば45年経ってしまったという感じです。

しかもこの仕事は人に観て頂く訳だから、サボったり、本気でやらなかったりすると、全部バレる。今思えば、本当に大変な仕事を選んでしまったと感じています。私の生き方がそのままパフォーマンスとして出てしまうし、死ぬまで終わりがない。だから少し大げさな言い方をすると、私にとって仕事とは、夏木マリという人間の生き様そのもの。すなわちライブ。だから、しっかりしないとね。

今は、ここまでやってきたんだから、もう最後までやってみるか！って。そんな感じ。でも、絵描きも職人さんも陶芸家も、モノを作っている人は、きっとみんな同じだと思う。いいえ、どんな仕事を選んでも、きっとそれは同じ。素敵な人は素敵な仕事をするから、結局最後はその人の生き様なのよね。

私にとって仕事の対価は、誇り。やってきたものすべてに対する誇り。それはここに至るまでに私が費やしてきた時間の全てですから。

で、どうする？

第5章

おそろいじゃない人生

発信する力

『One of Loveプロジェクト』の一環としてもう一つ、世界遺産である京都の清水寺で、毎年11月に文化奉納をさせて頂いています。これも、私にとって大切なライフワークの一つになりました。清水寺というのは、なかなかパフォーマンスをさせて頂けないそうなのですが、ここにも、素敵な出会いがあったのです。

ある日、京都の食事処でたまたま隣り合わせたのが、清水寺で執事補という役職についていらっしゃる森清顕さんという方でした。シェフに紹介して頂き、お話をしていく中で、『One of Loveプロジェクト』に共鳴して下さったのがきっかけです。つまり私は清水の舞台から飛び降りたのではなく、あの時、その舞台に飛び乗ったのです。これまで長く仕事をさせてもらっていて、ありがたいという思いがいっぱいありますし、この感謝の気持ちを、清水寺への奉納という形でのパフォーマンスにさせて頂こうと思いました。マリナツキテロワールのメンバーと共に、エネルギーをたくさんお返ししようと。今年で5年になりますが、これもご縁ですね。最初の年は、『NATSUKI MARI FESTIVAL in KYOTO 2014』として、京都の青蓮院門跡さんでマイケル・トンプソンに撮ってもらった写真展をやり、お客様には昼は京都を散策、夜は清水寺でパフォーマンスを観て頂くという、イベント形式で開催しました。この写真展は私が個人的にマイケルに撮ってもらったものです。

〝ロクマル〟の思い出にと、ニューヨークの彼のスタジオで撮ってもらいました。その時の写真があまりにも素晴らしかったので、プライベートでしまっておくのはもったいないと思い、その中の何枚かを発表する形で、まず東京・代官山の蔦屋書店さんで写真展を開催。さらに京都でも、という話になり、ちょうど奉納パフォーマンスの時期と重なったので、『NATSUKI MARI FESTIVAL in KYOTO 2014』というイベントにしたというわけです。

その頃、ちょうど私が東京オリンピックの顧問を拝命したこともあり、自分の中で、「日本から文化を発信したい！」という思いが高まっていたようにも思います。東京オリンピック＝日本のオリンピック、ですから。それに京都といえば、世界中の人がもっとも旅をしたい街の一つです。だから、京都から日本の文化を発信し、より多くの外国の方々にも届けられることは素晴らしいと思いました。

清水寺でのパフォーマンスは、経堂と呼ばれる、僧侶たちが過去にお勉強した部屋で発表しています。経堂には、やはり劇場空間とは違う、何かこう、ピーンと張り詰めたような空気があります。演じるのは、テロワールのワークショップでやっているものを積み重ね、40分ほどに創った作品。お客さまに近くでごらん頂けることもあって、なんと言うのかしら、普段の『印象派』とはやはりちょっと違うパフォーマンスになります。前回は1本のロウソクを灯すところから始めました。清水寺の観音さまに話しかける、捧げるという感覚であり、心意気も少し違うのかもしれません。

清水寺での奉納パフォーマンスは、私たちと共に皆さんも祈りましょう、という気持ちです。お寺で僧侶にお経を唱えて頂く時の、気持ちをひとつにするような感じでしょうか。私にとって、まさに祈りであり、そして、慈悲でもあるのです。

発展途上な今

私はこれまで、いろんなことに挑むことで、自分を発見、知ってきました。唄ったり、印象派を創ったり、演じたりして。それこそ、私の人生そのものなのだけど、ここにきてもまだ自分に期待をしています。まだ何かあるかもしれないでしょ、まだ自分が知らないことがたくさんあると思っています。

『One of Loveプロジェクト』でも、清水寺での文化奉納もそう。毎年、新たな気持ちで臨みますし、思い返せば、すべては出会いが始まりです。私のような自分勝手な人間に、人を思う気持ちが生まれ、人のために動く日が来るなんて、私自身、よく変わったものだと、驚いています。

プロのダンサーでもない私のような人間が、清水寺で踊ることを許されているのも、本来ならばあり得ないこと。まさに奇跡だと思います。本当にありがたい、心から感謝です。これもすべて、ご縁です。人との出会いというのは、つくづくおもしろいと思います。同時に、人の縁の深い浅いは、過ごす時間に比例するものではないのだな、とも気づかされました。

例えばドラマの現場でも、何回共演しても全然親しくならない人もいれば、1回会っただけで、すぐにLINEを交換しちゃうような、相性の良い人もいる。同じ美意識とか、共通言語を持っているとか、考え方が一緒だとか。そういう同じ匂いの人っているでしょ？　そして、そういう人と出会うことは、奇跡であり、一生の宝物だと思います。そこからまた新しい発見があり、お互いの考えが化学反応を起こして、新しい動きにつながる。

「女優と呼ばないで」と、私はよく言いますが、女優さんって、ある意味「待つ」仕事です。でも私の性分として、待つということが耐えられなく、せっかちなところもあるので、『印象派』も『One of Love プロジェクト』も『清水寺』も、言わばすべて自分発信。自分から動いて、出会いを摑んできました。待っているだけでは、何も始まらないと感じています。世間は私中心に動いているわけではありません。ただぼんやり過ごしているだけでは、他人は誰も自分にフォーカスしてくれない。だから自ら、「こんな人がいますよ！」と、プレゼンしていかないと、周りは思い出してくれない。そこが、私の動く原動力です。つまり、すごく欲張りなのです。だから、人一倍女らしくありたいし、男前でいたいのです。まだまだ伸びしろを持ちたいから、自分からどんどん動く。受け身で待っていればチャンスが巡ってくるほど、自分に才能があるわけではないですから。

人は誰しも、夢や目標を持っていると思う。けれど、それは棚ぼたで落っこちてきて叶うものではありません。自分から行動して、見つけないと。それは、大変なこともよく分かっています。けれど、もし小さくても手にできた時は、嬉しいでしょ⁉　自分から動いて手に入ったとしたら、なおのこと。何もしないでもらった幸せなんて、瞬間で終わってしまうものです。

人間は、育っていくもの。自分自身、見えていない部分はまだまだたくさんあって、もっと広がり、深まる余白があるんじゃないかな、と思えるのです。それが生きるということなんじゃないかしら。思いがけない出会いがまだまだ待っているかもしれないし、いつ何が起こるかなんて、誰にもわからない。だから、人生って面白いんです。

あとがき

ＦＲａＵの定期刊行がなくなるという事件。

私の活動の中でも、とてもお世話になった雑誌です。
この本のベースとなった連載『腹を、お決めなさい。』も、以前に担当させて頂いた連載『泣きっ面にマリ』でも、何ページも私の特集をして頂いたこともありましたし、インドへ旅したページも……。懐かしいです。

連載の担当編集の泉地さんから、そのお話を伺ったのは、昨年の11月。
青天の霹靂でした。

でも、彼女はそこから新書を出そうとおっしゃったのです。
これまでの『腹を、お決めなさい。』を一冊の本にしたいと……。
お話しているうちに、私自身の人生観も入れつつ、ということになり、
この本が出来上がりました。

いつも本を出版する時、遅筆な私なのですが、今回もご迷惑をおかけしました。

美味しいものを食べたり、一夜明けたりすると、自分の文章に赤を入れたくなり、時間だけが過ぎて行くのです。


しかし、みなさんにお伝えしたいことは書き記したつもりです。

人は悩むもの。その数が自身の幹になっていくのですから、毎回人生相談にのらせて頂いて、私自身も勉強になりました。

またいつかこの本を開いた時、違うことを言っている私がいるかもしれませんが、相

談者の方々も今のお悩みから解放されて、自分らしい選択肢を持てていたら、幸いに思います。

講談社からは『81－1』、『泣きっ面にマリ』に続いて3冊目ですが、45年仕事をしてきた中で見つけた私のメソッド、読んで下さりありがとうございました。

今の夏木マリからの進言です。

二〇一八　春

夏木マリ

夏木マリ（なつき まり）
5月2日生まれ。2018年、仕事をスタートして45年を迎え、クリエイションを手掛ける『印象派』が25年、支援活動『One of Loveプロジェクト』、清水寺奉納パフォーマンス『PLAY×PRAY』が5年と、それぞれ周年を迎える。詳しくは、http://www.natsukirock.com

好《す》きか、嫌《きら》いか、大好《だいす》きか。
で、どうする？

2018年2月20日　第1刷発行

著　　者　夏木《なつき》マリ

発 行 者　鈴木哲
発 行 所　株式会社　講談社
〒112-8001　東京都文京区音羽2-12-21
出版:03-5395-3469
販売:03-5395-3606
業務:03-5395-3615

構　　成　西野入智紗
編　　集　泉地佑紀
装丁・デザイン　佐々木俊+中西洋子(AYOND)
印 刷 所　大日本印刷株式会社
製 本 所　大日本印刷株式会社

ISBN978-4-06-221003-4
定価はカバーに表示してあります。